Zhongguo Wenhua
Zhishi Duben

中国文化知识读本

主编　金开诚

编著　马荣会

司马迁与《史记》

吉林出版集团有限责任公司

吉林文史出版社

图书在版编目（CIP）数据

司马迁与《史记》／马荣会编著. —— 长春：吉林
出版集团有限责任公司：吉林文史出版社，2009.12（2023.4重印）
（中国文化知识读本）
ISBN 978-7-5463-1530-0

Ⅰ.①司… Ⅱ.①马… Ⅲ.①司马迁（前145～前90
）-人物研究②史记-研究 Ⅳ.①K825.81②K204.2

中国版本图书馆CIP数据核字(2009)第222510号

司马迁与《史记》

SIMAQIAN YU SHIJI

主编/ 金开诚 编著/马荣会

责任编辑/曹恒 于涉 责任校对/王文亮

装帧设计/曹恒

出版发行/吉林出版集团有限责任公司 吉林文史出版社

地址/长春市福祉大路5788号 邮编/130000

印刷/天津市天玺印务有限公司

版次/2009年12月第1版 印次/2023年4月第5次印刷

开本/660mm×915mm 1/16

印张/8 字数/30千

书号/ISBN 978-7-5463-1530-0

定价/34.80元

编委会

前　言

　　文化是一种社会现象，是人类物质文明和精神文明有机融合的产物；同时又是一种历史现象，是社会的历史沉积。当今世界，随着经济全球化进程的加快，人们也越来越重视本民族的文化。我们只有加强对本民族文化的继承和创新，才能更好地弘扬民族精神，增强民族凝聚力。历史经验告诉我们，任何一个民族要想屹立于世界民族之林，必须具有自尊、自信、自强的民族意识。文化是维系一个民族生存和发展的强大动力。一个民族的存在依赖文化，文化的解体就是一个民族的消亡。

　　随着我国综合国力的日益强大，广大民众对重塑民族自尊心和自豪感的愿望日益迫切。作为民族大家庭中的一员，将源远流长、博大精深的中国文化继承并传播给广大群众，特别是青年一代，是我们出版人义不容辞的责任。

　　本套丛书是由吉林文史出版社和吉林出版集团有限责任公司组织国内知名专家学者编写的一套旨在传播中华五千年优秀传统文化，提高全民文化修养的大型知识读本。该书在深入挖掘和整理中华优秀传统文化成果的同时，结合社会发展，注入了时代精神。书中优美生动的文字、简明通俗的语言、图文并茂的形式，把中国文化中的物态文化、制度文化、行为文化、精神文化等知识要点全面展示给读者。点点滴滴的文化知识仿佛颗颗繁星，组成了灿烂辉煌的中国文化的天穹。

　　希望本书能为弘扬中华五千年优秀传统文化、增强各民族团结、构建社会主义和谐社会尽一份绵薄之力，也坚信我们的中华民族一定能够早日实现伟大复兴！

目录

一、司马迁立志著史书

（一）父亲司马谈的遗愿

司马谈 (?——公元前 110 年)，西汉夏阳 (今陕西韩城南) 人。据说司马氏自唐虞至周，都是世代相传的历史学家和天文学家。司马错是秦惠王时伐蜀的名将，司马昌是秦始皇的铁官。司马谈的父亲司马喜，在汉初为五大夫，到了司马迁的父亲司马谈，又做汉武帝的太史令，负责管理皇家图书和收集史料。司马谈生长、接受教育在汉王朝的文、景时代。据司马迁说，司马谈的学问有三个方面：其一是"学天官于唐都"。唐都就是汉代著名的观测星象的专家，所谓学天官，

陕西韩城司马迁祠

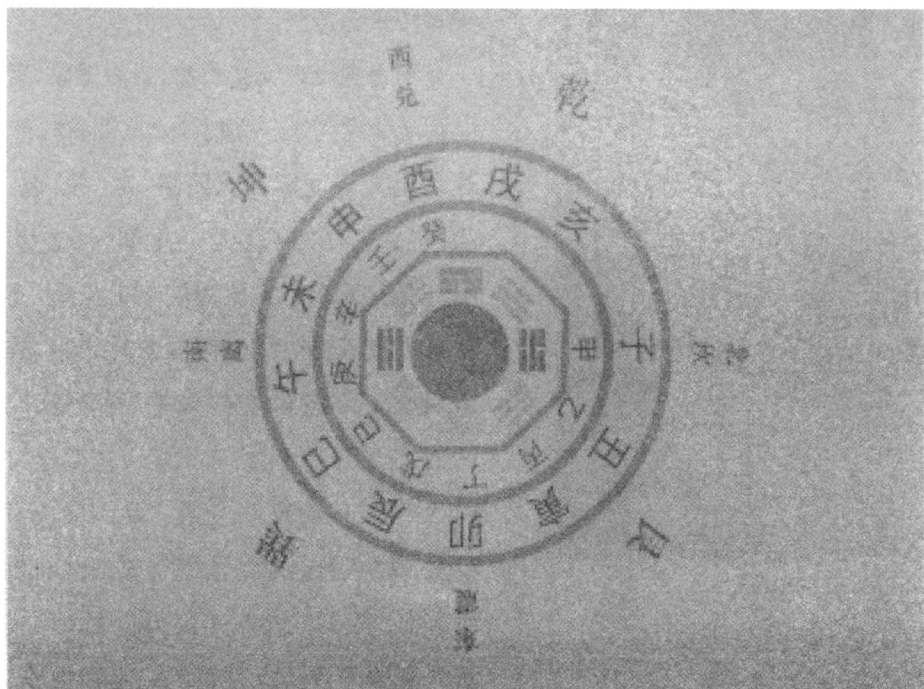

易经八卦图

就是学观测日月星辰的天文之学。其二是"受《易》于杨河"。杨河是汉初有名传《易》者之一。《易》就是《易经》，是讲阴阳吉凶的，这和天文星象都有关系。其三是"习道论于黄子"。黄子便是黄生，他擅长黄老之术，曾和辕固生在景帝面前辩论汤伐桀、武王伐纣这两件事的性质。黄生的议论正是代表当时统治阶级的思想。司马谈学习这些，为他以后做太史令打下基础。太史令，通称太史公，是武帝新设的官职，掌管天时星历。"近乎卜祝之间"，还职掌记录，搜集并保存典籍文献，这也是史官历来的传统。

司马谈研究天文历法，崇尚道家，曾以黄

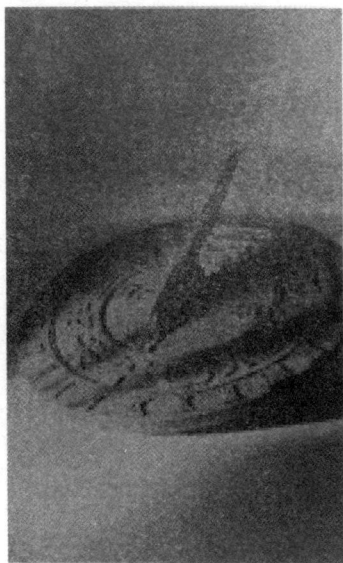
司马谈学习天文历法

老学说为主，写成《论六家要旨》。在这篇论文里他概括出阴阳、儒、墨、名、法、道六家，并加以论述。他第一次分析出自春秋战国以来重要的学术流派，也反映出汉武时代以儒家思想为主，兼用阴阳家、法家和道家"黄老"的学说，即所谓"汉家自有制度，本以霸王道杂之"，而并不"纯任德教"的思想。从而反映了汉武时代社会和统治思想复杂化的现实情况。其六家之说，不仅为后来司马迁给先秦诸子作传以重要的启示和借鉴，也为西汉末期名儒刘向、刘歆父子给先秦诸子分类奠定基础。

　　司马迁十岁的时候，司马谈到长安做了太史令，司马迁跟随父亲来到京师长安，因而能够向老博士伏生、大儒孔安国学习，获益良多。司马迁的家族世代都是史官，而作为史官，他们有责任来记载帝王圣贤的言行，也有责任来搜集整理天下的遗文古事，更有责任通过叙事论人而为当时的统治者提供借鉴。司马迁的父亲司马谈就有志于整理历史，试图撰写一部规模空前的史书，所以从他做太史令之后，就开始搜集阅读史料，为修史做准备。但是司马谈感到自己年事已高，要独立地修成一部史著，无论是时间、精力，

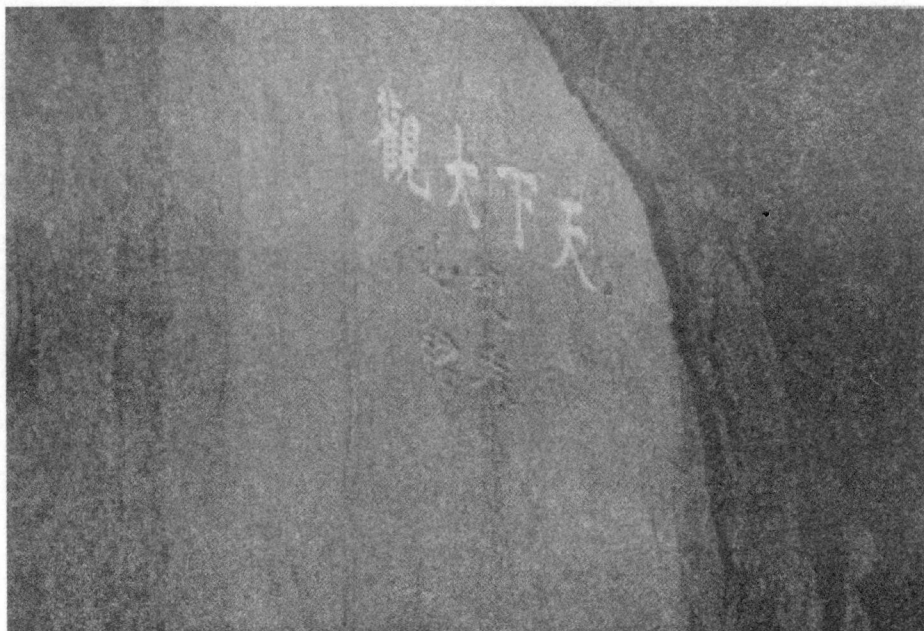
泰山封禅铭文

还是才学知识都还不够，所以司马谈寄厚望于他的儿子司马迁，希望他能够早日参与其事，最终实现这样一个宏愿。而这个时候，汉王朝国势强大、经济繁荣、文化兴盛，张骞奉使通西域，卫青、霍去病大破匈奴，汉武帝设立乐府；也是司马迁在京城里丰富见闻，热情迸发的时候。

元封元年（公元前110年），汉武帝东巡游至泰山，并在山上举行祭祀天地的典礼，这就是所谓"封禅"大典。当时任太史令的司马谈因病留在洛阳，未能从行，深感遗憾，抑郁而死。他所要论著历史的理想和计划，留给司马迁去

实现。司马谈病危时，拉着儿子的手，流着
眼泪对他说："我死了以后，你一定要接着做
太史令，千万不要忘记我一生希望写出一部
通史的愿望。你一定要继承我的事业，不要
忘记啊！"这一番谆谆嘱托极大地震动了司马
迁，他看到了父亲作为史学家的使命感和责
任感，他也知道父亲将毕生的心愿寄托在自
己的身上。司马迁低着头，流着泪，悲痛而
坚定地应允道："儿子我虽然没有什么才能，
但我一定完成您的志愿。"

元封三年（公元前 108 年），司马迁继承
父亲司马谈的遗志，当上了太史令，有了阅

司马迁继承父亲遗志，埋头编
著史书

读外面看不到的书籍和重要资料的机会，开始
从皇家藏书馆中整理选录历史典籍，这为他以
后著《史记》提供了良好的条件。可是，资料
整理工作非常繁复。由于当时的那些藏书和国
家档案都杂乱无序，连一个可以查考的目录也
没有，司马迁必须从一大堆的木简和绢书中找
线索，去整理和考证史料。司马迁几十年如一日，
绞尽脑汁，费尽心血，几乎天天都埋着头整理
和考证史料。司马迁一直牢记父亲的遗志，他
决心效法孔子编纂《春秋》，写出一部同样能
永垂不朽的史著。公元前104年，司马迁在主

持历法修改工作的同时，也正式着手写他的伟大著作《史记》。

（二）万里壮游，网罗旧闻

司马迁（约公元前 145—前 90 年），字子长，西汉夏阳龙门人。夏阳（今陕西韩城南），县名，靠近龙门。所以司马迁自称"迁生龙门"。龙门与龙门山，很有名气。传说大禹曾在龙门开山治水。龙门山的南面是黄河，司马迁的家正好在黄河、龙门之间。当地名胜古迹很多，司马迁从小在饱览山河名胜的同时，也有机会听到许多历史传说和故事。

司马迁的家正好在黄河与龙门之间

司马迁的少年时代"耕牧河山之阳",也就是说他儿童时期曾经在家乡从事过一些农业劳动。司马迁在这"山环水带,嵌镶蜿蜒"(《韩城县志序》)的自然环境里成长,既被山川的清淑之气所陶冶,又对民间生活有一定体验。

大约二十岁时,司马迁开始外出游历——"南游江淮,上会稽,探禹穴,窥九疑,浮于沅湘,北涉汶泗,讲业齐鲁之都,观孔子之遗风,乡射邹、峄,厄困鄱、薛、彭城,过梁楚以归。"他的足迹到过会稽,访问夏禹的遗迹;到过姑苏,眺望范蠡泛舟的五湖;到达淮阴,访求韩信的故事;到过丰沛,访问刘邦、萧何的故乡;

司马迁外出游历,颇长见识

到过大梁，访问夷门，并考察秦军引河水灌大梁的情形；到过楚，访问春申君的宫殿遗址；到过薛地，考察孟尝君的封邑；到过邹鲁，拜仰孔孟的家乡。此外，他还北过涿鹿，登长城，南游沅湘，西至崆峒。这次漫游，是司马迁为写《史记》做准备的一次实地大考察，他亲自采访，获得了许多第一手材料，保证了《史记》的真实性和科学性。

司马迁游途中拜访了孔孟的故乡

比如说他漫游到汨罗江畔，在汨罗江畔当年屈原投江自沉的地方，高声朗诵着屈原的诗，痛哭流涕，所以他写《屈原贾生列传》才写得那么有感情，他是亲自去考察过，并在学习屈

韩信的故乡淮阴

原的基础上来写屈原的。

在韩信的故乡淮阴，他也搜集了许多有关韩信的故事。如他亲自去问别人，当年韩信为什么能够受胯下之辱而不发怒，不愿意去做出非法的事来？韩信那么高的个子，从一个流氓两腿之间爬过去，如果按照他的个性，一刀就把流氓杀了。但是如果把流氓杀了，后来还能够建功立业吗？韩信后来帮助刘邦推翻了秦王朝，建立了西汉，封王封侯，回了故乡，韩信自己对流氓说，如果当初我把你杀了，我就没有后来的建功立业，所以小不忍则乱大谋。

再比如在曲阜他去瞻仰了孔子的墓，还和

孔子故乡的一些儒生在一起揽衣挽袖、一步一揖，学骑马、学射箭，学行古礼，以此表达他对孔子的纪念，高山仰止。

再比如在孟尝君的故乡薛城，他走街串巷，考察民风，而且他考察这个地方的民风跟当年孟尝君好客养士有什么关系，所以他走一路考察一路，可以这样说，司马迁在漫游的旅程中，不放过任何一个了解历史的人，不放过任何一个存留于人们口中的故事，因此获得了许许多多从古籍当中所得不到的历史材料。同时他深入民间，广泛地接触了人民群众的生活，使得他对社会，对人生的观察、认识逐渐深入。此外他遍历名山大川，饱览了祖国山河的壮美，陶冶了性情，从而也提高了他的文学表现力。这次漫游，正是司马迁走向成功的极为坚实的一步，是非常典型的所谓"读万卷书，行万里路"。

元封元年（公元前 110 年），汉武帝举行大规模的巡行封禅，步骑 18 万，旌旗千余里，浩浩荡荡。司马迁的父亲司马谈是史官，本应从行，但病死在洛阳。司马迁接受了父亲的遗志，赶到泰山，参加封禅，随后沿着东海，绕道长城塞外回到长

曲阜孔子墓

司马迁立志著史书

013

甘肃平凉崆峒山

昆明风光

安。回到长安以后，他做了皇帝的近侍郎中，随汉武帝到过平凉、崆峒，又奉使巴蜀，他到过的最南边是昆明。

元封三年（公元前108年），司马迁在38岁时，正式做了太史令，有机会阅览汉朝宫廷所藏的一切图书、档案以及各种史料的机会，他一边整理史料，一边参加改历。等到太初元年（公元前104年），我国第一部历书《太初历》完成，他就动手开始编写《史记》。

司马迁与《史记》

二、身遭不幸亦谋篇

（一）仗义执言，忍辱受刑——李陵之祸

唐人刘知己说，写史要具备"三才"：史才，史学，史识。其中，最重要的是史识。史识是史书的灵魂，没有灵魂的史书只是材料的堆砌。《史记》固然离不开司马迁之父司马谈的开创之功，离不开司马迁的博闻广识，但是，所有这一切都不足以铸就司马迁修史的伟大灵魂。真正让司马迁区别于其他所有史家，让《史记》有别于其他所有史书的关键，是司马迁的不幸遭遇。正是这种不幸遭遇，造就了司马迁的史识，铸就了司马迁的伟大。天汉二年（公元前99年），司马迁47

陕西韩城司马迁祠

岁。这一年的秋天，匈奴发动了对汉朝的进攻，汉武帝就任命他的宠妃李夫人的哥哥，李广利为主帅去抗击匈奴，而任命李陵，就是著名的飞将军李广的孙子担任骑都尉，给他五千精兵。这五千精兵都是荆楚壮士，英勇善战。李陵跟匈奴打仗，出兵之初，非常顺利，没有遇到匈奴的主力，一路势如破竹，连打了几仗，屡战屡胜，消灭了几倍于己的匈奴敌人。当李陵打胜仗的消息不断传到朝廷的时候，汉武帝非常高兴。汉武帝高兴，周围大臣都纷纷祝贺汉武帝，说李陵不愧是名将之后。但是，后来的形势急转直下，李陵的五千步兵与匈奴单于的三万骑兵正面遭遇。面对三万强敌，李陵毫不胆怯，沉着应战，杀敌甚众。匈奴万万没有想到，对方区区数千步兵竟这么能打！大单于立即召左右贤王的八万精兵围攻李陵。面对十几倍于自己的强敌，李陵毕竟只有五千人，单于亲自率领三万骑兵把李陵的步兵团团围住。尽管李陵的箭法十分好，兵士也十分勇敢，五千步兵杀了五六千名匈奴骑兵，但毕竟寡不敌众，于是，李陵且战且退，向汉朝边境靠拢。这时，匈奴经过与李陵的反复较量，已经

匈奴发动了对汉朝的进攻

难以支撑，也准备撤兵。关键时刻，意外发生。李陵的一个部下因为被上司羞辱，只身逃往匈奴，向单于透露了绝密军情：李陵之军并没有后援，就算匈奴一时攻他不下，拼体力、熬时间，李陵也撑不了多久了，而且李陵步兵的箭也快用完了。李陵所部之所以以一当十，就靠一种可以连发的弓箭——弩机，它只是比普通弓箭先进一些，弩机的箭将用尽，如同猛虎失去利爪，大势已去。单于于是继续与李陵作战。最后汉军只剩四百多人突围出来，李陵战败被俘了。李陵被俘虏之后，汉武帝非常生气，认为挫败了大汉王朝的军威，有损国威，很恼火。

李陵最终战败被俘

而朝廷大臣们察言观色，趋炎附势，几天前还纷纷称赞李陵的英勇，现在看汉武帝生气，就又附和汉武帝，纷纷咒骂李陵，说李陵本来就不是个好东西，群起指责李陵的罪过。在朝廷议事的时候，汉武帝问司马迁对这个问题的看法。司马迁一方面安慰武帝，一方面也痛恨那些见风使舵的大臣，尽力为李陵辩护。他认为李陵平时孝顺母亲，对朋友讲信义，对人谦虚礼让，对士兵有恩信，常常奋不顾身地急国家之所急，有国士的风范。他对汉武帝说："李陵只率领五千步兵，深入匈奴，孤军奋战，杀伤了许多敌人，立下了赫赫功劳。在救兵不至、弹尽粮绝、走投无路的情况下，仍然奋勇杀敌，就是古代名将也不过如此。李陵自己虽陷于失败之中，但他杀伤匈奴甚多，也足以显赫于天下了。他之所以不死，而是投降了匈奴，一定是想寻找适当的机会再报答汉室。"司马迁的意思似乎是贰师将军李广利没有尽到他的责任，他的直言触怒了汉武帝，汉武帝认为司马迁这样为李陵辩护，是有意贬低李广利，勃然大怒，说："你这样替投降敌人的人强辩，不是存心反对朝廷吗？"他将司马迁下了狱，交给廷尉审问，定了一个"诬罔主上"的罪，就是攻击诬蔑皇上，把司马迁打入大牢，司马迁就这样因言获罪。开始他并没有被定为死罪，

汉武帝因司马迁为李陵辩护而勃然大怒

司马迁与《史记》

司马迁祠

大概过了将近一年的时间，一直没有李陵的消息，汉武帝就想派人打听李陵被俘虏以后，是投降了还是怎么样呢？就派公孙敖到匈奴去打听李陵的消息。公孙敖在匈奴那个地方转了几个月，始终没有得到李陵的准确消息。后来听信一个传言，说李陵正在某处帮助匈奴训练军队，他得不到别的准确消息，于是带着这个消息回来告诉汉武帝。汉武帝大怒，于是诛灭李陵九族，司马迁因为替李陵辩护，被定为死罪。

司马迁被定为死罪，那么按照汉朝的刑法，死罪犯人有两种方法可以免死：一就是缴纳五十万钱，二是接受宫刑。什么是宫刑，就是割除男子的生殖器。司马迁作为史官，家境清贫，再加上下到死牢里面去，亲友唯恐避之不及，也没有人敢借钱给他，自己又拿不出来，所以无法筹措那五十万。因此，司马迁要想活命，只能接受宫刑。接受这种刑法的人，畏冷怕风，随时都有生命危险，在施刑的牢房当中必须保暖，就好像民间养蚕的屋子一样，所以，受宫刑也叫下蚕室。司马迁并不怕死，但是他不能选择死，他不能让《史记》的写作半途而废，因为这是实现父亲遗愿的大事。而作为一位史官，没有留

司马迁要想活命，只能接受宫刑

下半点文字，也无法向后人交代。再说，如果他选择自杀，只会被认为智尽无能，或者是罪大恶极，死有余辜。那么唯一的选择就是接受宫刑。

于是司马迁决定自请宫刑，免死。司马迁终于被处以宫刑，他前后在狱中呆了三年，隐忍苟活，在狱中还坚持写《史记》。大概是在汉武帝太始元年，也就是公元前96年，汉武帝改元大赦天下。这时50岁的司马迁出狱了。出狱后当了中书令，在别人看来，也许是"尊宠任职"，但是，他还是专心致志写书。

出狱之后，司马迁在精神上是十分痛苦的，

大狱中的司马迁也没有放弃撰写《史记》

但是有一个伟大的理想在支持着他，那就是著书的事业，可以说司马迁为《史记》而活，为《史记》而奋斗。

司马迁出狱后，忍受着身心的痛苦，专心撰写《史记》

（二）墨迹溢血泪——《报任安书》

正当《史记》撰写基本就绪，只剩最后修补时，发生了巫蛊之祸。巫蛊之祸是汉武帝末年封建统治集团内部发生的重大政治事件，诸邑公主与阳石公主死于巫蛊之祸。所谓巫蛊，就是人们制作木头人，在上面刻上冤家的姓名，然后再放到地下或者放在房子里，日夜诅咒。据说，这样诅咒下去，就可以让对方遭殃，自己得福。这种巫蛊术，也

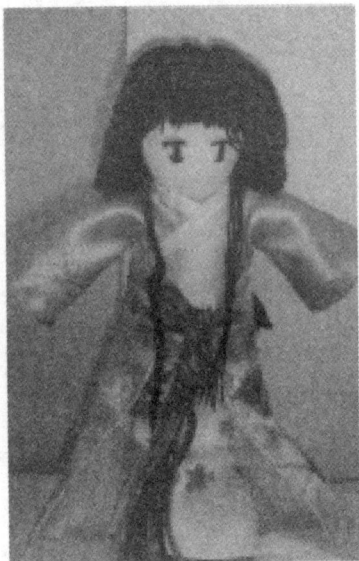

巫蛊人偶

传进了皇宫。

汉武帝很迷信这一套。征和元年（公元前93年），一天中午，他正躺在床上睡觉，忽然梦见几千个手持棍棒的木头人朝他打来，把他给吓醒了。他以为有人在诅咒他，立即派江充去追查。江充是一个心狠手辣的家伙，他找了不少心腹，到处发掘木头人，强迫人们招供。没过多少日子，他就诛杀了好几万人。

在这场惨案中，丞相公孙贺之子公孙敬声被人告发用巫蛊咒武帝，与阳石公主有奸情，公孙贺父子二人皆下狱死，连累皇后卫子夫所生的诸邑公主、阳石公主都被杀了。江充见汉武帝居然可以对自己的亲生女儿下毒手，就更加放心大胆地干起来。他让巫师对汉武帝说："皇宫里有人诅咒皇上，蛊气很重，若不把那些木头人挖出来，皇上的病就好不了。"

于是，汉武帝就委派江充带着一大批人到皇宫里来发掘木头人。可是屋里屋外都给掘遍了，都没找到一块木头。

为了陷害太子刘据，江充趁别人不注意，把事先准备好的木头人拿出来，大肆宣扬说："在太子宫里挖掘出来的木头人最多，还发现了太子书写的帛书，上面写着诅咒皇上的话。我们应该马上奏明皇上，办他的死罪。"

刘据见江充故意陷害自己，立即亲自到甘泉宫去奏明皇上。而江充害怕刘据向汉武帝揭发自己的阴谋，派人拦住刘据的车马。刘据被逼得走投无路，只好让一个心腹装扮成汉武帝派来的使者，把江充等人监押起来，借口江充谋反，命武士将他斩首示众。

征和二年（公元前 91 年），太子刘据为预防不测，急忙派人通报给卫皇后，调集军队来保卫皇宫。而这时，宦官苏文等人逃了出去，对汉武帝说太子刘据起兵造反。汉武

陕西韩城司马迁祠

帝信以为真，马上下了一道诏书，下令捉拿太子。祸到临头，刘据只好打开武库，把京城里的囚犯武装起来，抵抗前来镇压"造反"的军队，并想调集胡人军团与北军，结果胡人军团被汉武帝调集镇压太子叛乱，北军使者护军任安受了太子的印后闭门不出。双方在城里混战了四五天，死伤了好几万人。结果，刘据被打败，只好带着他的两个儿子逃出长安，最后跑到湖县的一个老百姓家里躲藏起来。

不久，新安（今河南渑池东）县令李寿知道了太子的下落，就带领人马来捉拿他。刘据无处逃跑，只好上吊死了。他的两个儿子和那

陕西韩城司马迁祠

任安受到卫青推荐入仕做官

一家的主人，也被李寿手下杀死了。此年，北军使者护军任安也被牵连而遭腰斩。

任安，字少卿，西汉荥阳（今属河南）人。年轻时比较贫困，后来做了大将军卫青的舍人，由于卫青的举荐，当了郎中，后迁为益州刺史。征和二年（公元前91年）朝中发生巫蛊之祸，江充乘机诬陷戾太子（刘据），戾太子发兵诛杀江充等，与丞相刘屈牦军大战于长安，当时任安担任北军使者护军（监理京城禁卫军北军的官），乱中接受戾太子要他发兵的命令，但按兵未动。戾太子事件平定后，汉武帝认为任安"坐观成败"，"怀诈，有不忠之心"，论罪腰斩。

陕西韩城司马迁祠

任安入狱后曾写信给司马迁，请他在汉武帝面前为自己明冤辩屈，希望他"尽推贤进士之义"，搭救自己。司马迁收到信后，迟迟不好回复，直到任安临刑前，司马迁才写了一封回信，这就是著名的《报任安书》，见于《汉书·司马迁传》及《昭明文选》卷四十一。

任安是司马迁青年时代的好友，在濒死之际，向司马迁求助，请求司马迁借助自己官职上的便利，在汉武帝面前为自己明冤辩屈。司马迁不可能因顾及自己的利害得失而袖手旁观，但他此时却无法也无力救助朋友。为了向任安说清内心的苦衷，他在《报任安书》的开头先陈述了自己受宫刑后在社会和朝廷上的处境：

司马迁向任安陈述，自己不是不帮而是实有难处

自古以来，人们就鄙视宦竖阉人，以和其共事相处为耻。自己受宫刑后虽在朝中做太史令，但已是身同宦竖，为朝臣和世人所不齿。如果自己在朝廷上还以朝官自居，为任安辩冤，反而会适得其反。为了不使任安产生误解，司马迁接下去又向任安细述了自己当初为李陵辩诬而获罪的过程，意在表明自己和李陵只是同朝为官，并无私交，但却激于道义，在百官皆诬其降敌叛国的情形下，为其在汉武帝面前力辩其有忠于朝廷、献身国难的高尚品格和抗敌卫国的大功，希望援救李陵及其家人。

司马迁向任安细述自己为李陵辩诬而获

对于不能帮助朋友，司马迁内心十分苦闷

死罪，因无家财救赎，只有自乞宫刑这一条活路的经历，还意在说明，自己现在即使如任安所请，去汉武帝面前为他明冤辩屈，不但无助于使任安死里逃生，还会让自己重蹈李陵事件的覆辙。那么既无法援救朋友，又因《史记》尚未定稿成书的缘故，不能陪朋友一同赴死，司马迁只能回绝任安的请求。

为了不使"长逝者魂魄私恨无穷"，司马迁在信中向任安披肝沥胆，展示了自己那颗常人难以理解的心灵。故他先从自己受宫刑后在耻辱中苟活写起，接着详述自己几年前因为替李陵仗义执言入狱获死罪，那时本应该为免遭凌辱和守士节而主动去死，但却选择了耻辱而苟活。他讲自己并不贪生怕死，之"所以隐忍苟活，幽于粪土之中而不辞"，是为了完成《史记》。他向任安述说了自己的人生追求和《史记》的创作情况。

在这封信里，司马迁用无比激愤的语言，表达了自己遭受宫刑后极端痛苦的心情，说明了自己"隐忍苟活"的原因，在情感上激愤沉郁，意志上坚定不屈。语言上将叙事、议论、抒情交融为一体，修辞手法的运用浑然天成，辞气沉雄，磅礴激越，感人之至。虽然《报任安书》未收入《史记》，但却是学习、研读《史记》必不可缺的一篇文章，具有宝贵的思想价值和语言艺术价值。遭受宫刑后的司马迁处于这样一种境地：死与生的选择。无疑，此时选择自杀是解脱的最佳途径，司马迁也并不缺乏结束生命的勇气，但他选择了活下去，这是一种比死更难的选择。在《报任安书》中没有提及的一个不容忽视的原因就是：继承父志。子曰："父在，观其志；父殁，观其行，三年无改于父之道，可谓孝矣。"司马迁的父亲司马谈把修史作为自己的神圣使命，可惜壮志未酬即与世长

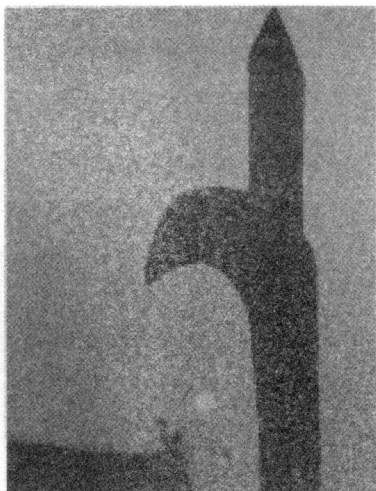

从奴隶任安书》中，我们可以了解司马迁的处境，只有《史记》才支撑着他活了下去

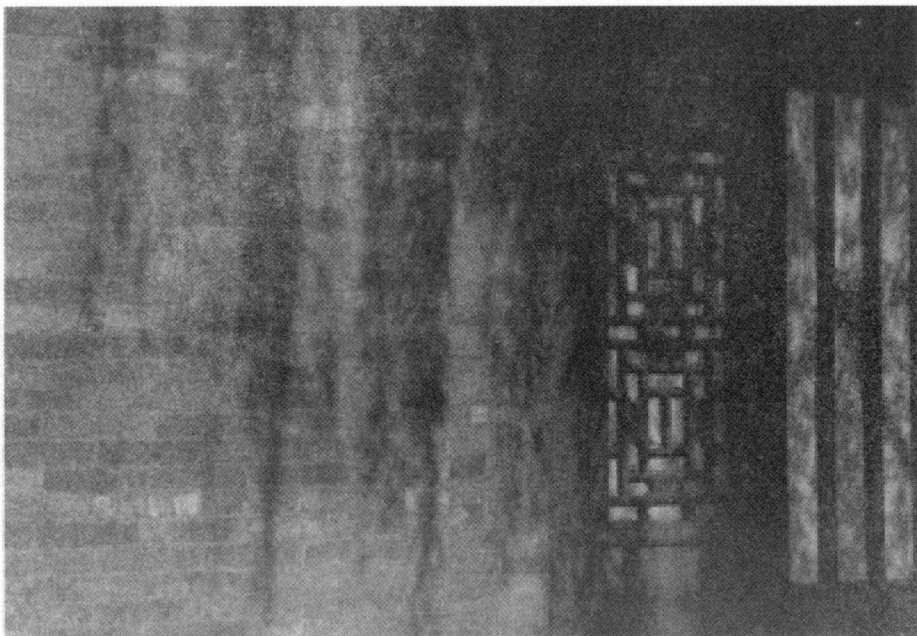
司马迁忍辱负重就是为了完成父亲的遗志

辞。父亲临终授命，让他完成修史之重任，这不能不说是司马迁决定忍辱存活来完成《史记》的一个重要原因。

铸就一部"究天人之际、通古今之变、成一家之言"的鸿篇巨制，实现少年时就已立下的宏伟目标和人生价值是司马迁最大的精神支柱和继续活下去的动力。司马迁从来就不是甘于平庸之辈，这场苦难和耻辱并没有磨灭他的理想，反而擦亮了他的眼睛，丢掉了他的幻想，开启了他的心智，激发了他的斗志。他历经11年（从受刑至书成），终于锻造成中国历史上空前绝后的史家巨著。司马迁因李陵之事坚持己见而遭祸，在

尽管司马迁饱受折磨，但他在《报任安书》中仍坚持信念，毫不退缩

《报任安书》中他仍持同样的观点，毫不隐瞒。对统治阶级所痛恨的"降臣"李陵的人品给予认可，对其战功给予公正评价，对其命运寄予同情。丝毫没有屈从于皇权和官吏，低头认"罪"。

司马迁对汉武帝进行了控诉："未能尽明，明主不晓"；"仆之先人非有剖符丹书之功，文史星历近乎卜祝之间，固主上所戏弄，倡优所畜，流俗之所轻也"。仗义执言，何罪之有？是非不明，何谓明主？司马迁在《报任安书》中不仅表达了自己的无限悲愤痛苦之情，坚忍不拔之志，而且通过叙事、抒情展现出他独立思考、正直批判的精神。全文感情充沛、语言流畅、气势纵横，具有强烈的艺术感染力，这种感染力主要来自于文章的激情和气势。司马迁对封建统治黑暗面的深切感受，自己受刑后长期郁积的愤懑，对人生态度和历史责任感的反复思考，已在心中熔成一股激情，一旦遇到写信倾诉的机会，自然要迸发出来。这就使文中的叙事和议论，都成为带着血泪、充满悲愤的控诉。《报任安书》见识深远，辞气沉雄，情怀慷慨，言论剀切，是激切感人的至情之作。司马迁崇高的人生信念和为《史记》献身的精神，具有深刻的启示意义和教育价值，

司马迁对封建统治的黑暗痛恨至极

给读者带来了崇高的精神感染和审美愉悦。古往今来，评价极高。

司马迁崇高的人生信念和献身的精神，对后代具有深刻的启示和教育意义

（三）作为文学家与史学家的司马迁

作为文学家的司马迁，开创了散文叙事的传记文学，成为历代文学大家和广大读者学习、借鉴的典范。《史记》遗泽后世，对后世传记文学、散文、小说、戏曲都产生了深远的影响。梁启超称赞这部巨著是"千古之绝作"。司马迁的散文成就，不仅代表了汉代文学的高峰，而且在散文发展史上，也起了

屈原祠

承先启后的作用。在文学发展史上，文学家司马迁的地位，应和大诗人屈原比肩并列。屈原和司马迁两人，不仅身世遭遇有共同之处，而且作品都努力反映现实生活，直面惨淡人生，鞭挞腐朽和黑暗，同情被压迫人民，具有强烈的人民性。所以鲁迅称《史记》为"无韵之离骚"，极为中肯。

司马迁在为屈原立传时更是以一种感同身受的心情来叙述，其中饱含着自己对屈原的强烈认同感。《屈原列传》节选自《史记·屈原贾生列传》，是一篇风格独特的人物传记。司马迁大约因为屈原、贾谊都是文学家，又都怀才不遇，遭受贬谪，贾谊写的《吊屈原赋》又引起他的感慨，因而将屈原、贾谊合写一传。秦朝以前的古书都没有记载屈原的生平事迹，《史记》这篇传记是记载屈原生平事迹最早、最完整的文献。

记叙屈原的生平事迹特别是政治上的悲惨遭遇，表现了屈原的一生和楚国的兴衰存亡紧密相连，赞颂了他的爱国精神和正直的品德。作者为屈原立传，按时间顺序，以"任、疏、绌、迁、沉"为线索，处处围绕屈原的"志"写：第一部分以评介《离骚》"推其志"，第二部分以国家危难突出屈原"眷顾楚国，系心怀王"，"其存君兴国而欲反复之，一篇之中三致志焉"，第三部分以回答渔父让屈原抒

屈原祠

发矢志不渝的信念。

司马迁推崇屈原有两个方面：推崇他的政治主张和伟大的人格；推崇他在语言艺术上的高深造诣。而司马迁对屈原的推崇，最主要的还在于屈原的高尚人格和斗争精神。司马迁对屈原为坚持理想而斗争的精神是歌颂的，对屈原的心情是深刻了解的。他叙述屈原作《离骚》的原因是这样的："屈平疾王听之不聪也，谗谄之蔽明也，邪曲之害公也，方正之不容也，故忧愁幽思而作《离骚》。"又说《离骚》"自怨生"。说"疾"，说"怨"，可见司马迁认为《离骚》之作正体现了屈原的斗争精神。

司马迁推崇屈原

而司马迁在历史方面的功绩也是巨大的。

首先，司马迁写了通史《史记》，开创了一种新的历史学的编纂方法，它就是后世史学家所称誉的"纪传体"。它由"本纪""表""书""世家""列传"5种体例组成。"本纪"按编年记载历代帝王的兴衰和重大历史事件；"表"以年表形式，按年月先后的顺序记载重要的历史大事；"书"记载各种典章制度的演变，以及天文历法等；"世家"记载自周以来开国传世的诸侯以及有特殊地位的人物事迹；"列传"记载社会各阶层的代表人物事迹，其中有著名的思想家、政治家、军事家、文学家等及循吏、儒林、酷吏、游侠、刺客、名医、日者、龟策、商人的传记。《史记》中还记载了朝鲜、大宛、乌孙、康居、奄蔡、大月氏、安息、匈奴的历史，这些记载是研究亚洲这些地区和国家初期历史极重要的材料。《史记》全书 130 篇，由本纪 12 篇、表 10 篇、书 8 篇、世家 30 篇，列传 70 篇组成，计 526500 字。它上起黄帝轩辕氏，下迄汉武帝天汉年间，共记述了近三千年的历史。包括政治、经济、军事、文化、少数民族和外国历

轩辕黄帝塑像

汉武帝像

史等丰富的内容。可见，它是百科全书式的通史。自从司马迁创立纪传体之后，这种体例被历代史家所沿用，总体不变，只是例目有所增减或例目的名称稍有不同而已。这样，纪传体便成为我国古代主要的史学体例之一。郑樵在其《通志》中称赞《史记》的影响时指出："百代而下，史官不能易其法，学者不能舍其书，六经之后，惟有此作。"司马迁伟大的历史功绩之二，在于他具有进步的历史观。《史记》中，歌颂什么，反对什么，态度是十分明确的。他痛恨封建专制的残暴统治，歌颂人民的反抗斗争，同情人民所受的痛苦。

汉武帝塑像

而对汉武帝的封建专制统治，司马迁则予以揭露。揭露汉武帝的残暴虚伪，奢侈纵欲。《封禅书》所记汉武帝大搞"鬼神之事"，《酷吏列传》所记酷吏，则绝大部分是汉武帝时的官吏。如司马迁用讽刺的文辞，揭露了武帝的爪牙张汤等酷吏的凶残和奸诈，活灵活现。司马迁不但承认历史是发展变化的，而且还试图从历史生活现象中，去寻求历史变化的原因。如他写《平准书》时曾说过："作《平准书》，以观事变。"这篇《平准书》先记汉初生产恢复和发展的情况，后述由于汉武帝拥有汉初积累的雄厚经济实力，引起了他的内外政策的变化，尤其是连年用兵的问题，结果导致财政困难，经济凋敝，由此引起了汉武帝时期政治上的变化等等。《史记》中充分体现司马迁重视经济的篇章有：《八书》中有两篇，《河渠书》记载夏禹以来的水利工作；《平准书》记载各地区的经济情况。除此之外，《货殖列传》还记载一些发财致富的布衣匹夫之辈。可以这样说，司马迁为中国史学树立了重视经济活动的优良传统。

（四）司马迁的结局

《史记》展示了从传说中的黄帝到西汉武帝时代的三千年的历史画卷。鲁迅称之为"史家之绝唱，无韵之《离骚》"。《史记》问世以后，历代都有专门研究《史记》和研究司马迁的

大禹治水雕像

学者，国外也不断涌现研究《史记》的专家，可是对于司马迁的卒年和死因这个问题，由于史料的缺乏，始终未能得到令人满意的结果。历史的记载在这里留下了一页空白，后人只能从一些零星的，甚至相互有些矛盾的一些传说当中，一些不完全的资料当中，去揣测司马迁后来的结局。大概有四种可能：

第一，司马迁可能是自杀身亡。《史记》完稿之后，生命对于司马迁而言，已经无足轻重了，特别是受宫刑之后。司马迁不是个贪生怕死的人，那么基于这点，他可能自杀。司马迁有自杀的这种意图，从《报任安书》

司马迁在《报任安书》中慷慨陈词人固有一死，死有重于泰山，或轻于鸿毛"

中已经显示出来了。当时任安正羁押在狱中，而且随时可能被处斩，司马迁为什么要对一个快要死的人，写下如此悲愤激昂的书信呢？他又为什么要在信中反复诉说自己忍受不了腐刑之后的这种耻辱呢？他又为什么要选择这样一个时机和对象来宣告《史记》130篇完成呢？他又为什么在信中大谈"人故有一死，死有重于泰山，或轻于鸿毛"？而且在信里面说，"要死之日，然后是非乃定"。他说一个人生前你不要说我的是非，人生的是非留在身后，一个人等死后的若干年，才能给他论定是非。所以《报任安书》也许就是一封遗书。

第二种可能，司马迁受任安这个案子的牵连，被汉武帝下令腰斩于市。当时宫廷里面有一场斗争，那么任安牵涉进去了，而当司马迁辗转托人把他的《报任安书》送到狱中以后，任安已经被腰斩了。任安腰斩以后，狱吏在抄检狱室的时候发现了司马迁的信，于是便呈奏给汉武帝，信里面非常愤慨地表达对汉武帝的不满，那么汉武帝读罢，看到信里面那么多怨愤之词，定会勃然大怒，再加上有人趁机诬告司马迁和任安是同党，他们俩是好朋友，于是汉武帝便下令把司马迁打入天牢，随后腰斩于市。司马迁并非不知

司马迁不畏强势，敢于直言

身遭不幸亦谋篇

当他完成了《史记》的伟大著述以后，灾祸对他而言已是无足轻重了

道任安作为死囚，可能终生读不到这封信，司马迁也并非不知道这封信可能成为一封公开信，因为自己在信中所发泄的不满会招致灾祸，这点司马迁是非常清楚的。但是他不能不说，因为当他完成了《史记》的伟大著述以后，灾祸对他而言已是无足轻重了，况且他选择这样一个时机给朋友写信，而且向世人公布《史记》的完成，这本身就是一种抗争，对朋友死后的灵魂也一种极大的安慰。

第三种可能是司马迁再次下狱之后，随同长安狱中的罪犯，无辜地被集体处死的。据《汉书·宣帝纪》记载，当《报任安书》被汉武帝知道之后，汉武帝看到信中有很多怨言，于是便下诏把司马迁逮捕了，并且叫御史台论罪，就是说并没有判死罪。就在论罪期间，不久汉武帝病重，有巫师就给他看风水，然后巫师告诉汉武帝，说长安监狱当中有天子气冲撞了圣上，究竟是谁呢？不知道，于是汉武帝下令把狱中所有的囚犯，无论轻重一律处死。这在历史上是有记载的，曾经一次把长安城的犯人全部杀了，所以司马迁有可能就这样无辜被杀了，一代史学大家死于非命。

第四种可能是司马迁寿终正寝，其实司

司马迁留下的《史记》成为一座历史的丰碑

马迁是否被杀，史料还不能充分地予以证实，说司马迁是自杀，也不过是一种推测。在史料不足的情况下，后人只能够把他看成是正常病故，司马迁大概活了 60 岁。司马迁死了，在《史记》完成之后，他悄然无声地离开人世了，他以生命的终结换来了《史记》的诞生，他的死留下一个历史之谜，他的著作却竖立起一座历史的丰碑。

三、形神俱备人物传

《史记》把人物刻画得恰到好处

《史记》中的人物形象各具姿态，都有自己鲜明的个性特征。不但不同类型的人物迥然有别，就是同一类型的人物，形象也罕有雷同。司马迁在刻画人物时，能准确地把握对象的基本特征加以渲染，使许多人物形象的个性非常突出。司马迁在表现人物的个性特征时，能充分注意到他们的家庭出身、文化教养、社会经历等各方面的因素，给以恰如其分的表现，不但展现出人物的个性特征，而且对形成人物个性特征的原因也有或明或暗的显示，有时一开始就为人物性格的发展作了铺垫。《史记》中的人物形象各有各的风貌，各有各的性格，同时，他们身上还表现出许多带有普遍性的东西，即得到社会广泛认可并对后代产生深远影响的某些共性。《史记》人物形象的共性是多方面的，主要有以下几点：一是知恩图报，以德报德。二是以牙还牙，以怨报怨。三是士为知己者死，为报答知遇之恩而赴汤蹈火，甚至不惜献出自己的生命。

《史记》中有许多人物所做的事情相近，但是怎样去做，却是各人有各人的选择，各人有各人的方式。司马迁在刻画人物时，采

《史记》刻画了许多人物形象，都具有鲜明的个性特征

用多维透视的方法，他笔下的人物显露多方面的性格特征，有血有肉，生动丰满。司马迁全面把握和充分展示自己笔下的人物形象的丰富性、复杂性，有的是在一篇传记中同时写出人物性格的几个侧面，有的则采用旁见侧出的方法，通过多篇传记完成对某个人物形象的塑造。旁见侧出法，又称互见法，即在一个人物的传记中着重表现他的主要特征，而其他方面的性格特征则放到别人的传记中显示。

（一）时代风云人物的不同命运

《史记》是我国第一部以人物为中心的伟

戏曲《霸王别姬》中的楚霸王原型就来自于《史记》中的项羽

大的历史著作，同时是我国第一部以人物为中心的伟大的文学著作。从文学的角度讲，《史记》第一次运用丰富多彩的艺术手法，给人们展现了丰富多彩、各具个性的历史人物。司马迁在这130篇中刻画了帝王将相、谋臣策士、游侠商贾等不同阶层、不同类型的众多人物形象，在这一百多个给读者留下深刻印象的人物中，或许这两位人物是最让人记忆深刻的——西楚霸王项羽、汉高祖刘邦。在《史记》中，司马迁运用多种艺术表现手法来更充分、集中地刻画历史人物形象，较完整地写出人物一生的命运，赋予了历史人物鲜明的个性特征。在太史公的笔下，我们看到的项羽、刘邦，虽然同为那个时代的风云人物，却具有着迥然不同的人物性格以及人物命运——沛公刘邦，机智果断，能屈能伸，贪财好色，狠毒阴险，最后威加海内，成就一代伟业；西楚霸王项羽，率直磊落，勇武过人，刚愎自用，寡谋轻信，最后自刎乌江，失去一生霸业。太史公以细腻的笔触精致地雕琢刻画出了两人复杂的人格特征。司马迁在刻画人物时，善于将人物置身于尖锐的矛盾冲突中，通过他们各自的行为显现个性特征。如在《鸿门宴》中通

项羽和刘邦均为风云人物，却有着迥异的性格和命运

过展现紧张、复杂的矛盾冲突，揭示了项羽与刘邦两人的不同性格。先看项羽，当曹无伤派人将刘邦"欲王关中"的野心告诉项羽时，项羽大怒，准备"旦日飨士卒，为击破沛公军"。可是在鸿门宴上，刘邦将事先准备好的一席温顺言语对项羽讲过之后，他不但不杀刘邦，而且竟然说出"此沛公左司马曹无伤言之，不然籍何以至此"。幼稚、容易相信别人，缺乏最起码的政治斗争的意识，是个莽撞汉。项庄舞剑意在沛公，樊哙进来保护刘邦，进来后"披帷西向立，瞋目视项王，头发上指，目眦尽裂"。这种剑拔弩张的情势，

鸿门宴遗址

项羽丝毫不以为意，反而称赞樊哙是个壮士，并赐给酒食。再看刘邦，当得知项羽要来攻打时，虚心听取了张良的建议，想利用项伯渡过难关。刘邦问张良何以与项伯有故，了解二者关系的深浅，考虑项伯是否靠得住。接着又问项伯的年纪，想出一套逢迎项伯的办法。精细老练、会拉拢人、会利用人，表现出刘邦机智权变的性格。刘邦鸿门宴脱险后，立即诛杀了内部的叛徒曹无伤；可是，项羽对项伯的通风报信、吃里爬外的做法不闻不问，表明两个人政治警觉的差异。通过这个戏剧性的情节，成功地展示了项羽和刘邦两个历史人物的个性：一个豪爽、无谋和轻敌；一个机智、老练和精细。

鸿门宴遗址

《史记》善于通过一些细节琐事展示人物性格，看似闲笔，但却起着十分重要的作用。如在《鸿门宴》中，"项王、项伯东向坐，范增南向坐，刘邦北向坐，张良西向侍"的座次，表现了项羽自高自大、目空一切的性格弱点。又如在韩信平定齐国后，派人向被敌围困的刘邦请求封他为假齐王时，刘邦很生气，《史记》记载："汉王大怒，骂曰：'吾困于此，旦暮望若来

洛阳古墓博物馆《鸿门宴图》

佐我，乃欲自立为王！'"可是，当张良、陈平一蹑其足，他立刻就醒悟过来了，马上话锋一转，"因复骂曰：'大丈夫定诸侯，即为真王耳，何以为假！'"。"复骂"得多么妙，一点痕迹都没有。但诚如清代何焯所说："人见汉王转换之捷，不知太史公用笔入神也。他人不过曰：'汉王怒，良平谏，乃许之。'"正是太史公对这两个细节的客观描述，显示出刘邦头脑的机警，也表现出了刘邦的雄才大略。这也恰恰正是他最后能战胜项羽、统一中国的才识和性格上的原因。

通过人物的对话和独白，成功地显示出人物的性格特征。如《高祖本纪》写刘邦与项羽

对峙于荥阳时，项羽的部下一箭射中了刘邦的胸口，而刘邦当时竟"乃扪足曰：虏中吾趾！"这生动刻画了刘邦那种聪明狡诈，条件反射一般迅捷而自然的随机应变，同时又是"恢宏大度"、好骂人、好调笑的性格。又如写刘邦和项羽都看到秦始皇出行的场景，项羽在观看秦始皇南巡会稽，经过南江时的车马仪仗时，脱口而出说："彼可取而代之也"，显示出了他的雄心壮志，又看出了他的无所顾忌，心口如一的坦率性格。而当刘邦在咸阳看到秦始皇出行的场面时却说："嗟乎！大丈夫当如此也"，说得委婉曲折，垂涎至尊之位的心思也显露无遗。

对于秦始皇出行，项羽和刘邦的话语显露出他们性格的迥异司马迁在刻画人物时，常采用对比描写的手法，多角度烘托主要人物的性格。再以《鸿门宴》为例——在鸿门宴上，项羽在杀不杀刘邦这件事上态度犹疑，反映出他有勇无谋，优柔寡断；另一方面通过项羽与刘邦的对比，反映出项羽的盲目自大心理。通过项羽与范增的对比，如结尾对刘邦所送礼物的不同表现：项羽安然收下，范增摔在地上，并用剑剁碎。范增的坚决果断，反衬了项羽的优柔寡断、自命不凡；通过描写范增的老谋深算，更体现出项羽的幼稚轻率、不善权谋。司马迁善于运用多维透视的手法刻画人物，使他笔下的人物显露

霸王举鼎

司马迁塑造的项羽具有多重人格

出多方面的性格特征，使人物形象血肉俱全，丰满立体。如司马迁塑造的英雄人物项羽具有多重人格。他爱人礼士，又嫉贤妒能。他是残暴的，焚烧咸阳，坑杀俘虏；他又是仁爱的，鸿门宴大发恻隐之心，不杀刘邦，还顾虑百姓疾苦。他有时与部下同甘共苦，分衣推食；有时又吝啬，已经刻好的官印不肯发给功臣，放在手里把玩。至于和虞姬悲歌唱和的场面，则兼有风云气势和儿女情长。为突出某一历史人物的基本倾向和主要性格特征，《史记》中常用"互见法"。所谓"互见法"就是关于某一历史人物的部分材料，不放在本传中去写，而

汉高祖刘邦画像

是移植到其他相关的人物传记中，其主要目的是从对某一历史人物的基本认识出发，将材料有意识地加以安排和剪裁，以使其服从于对某一人物形象的塑造。如《项羽本纪》，为不损害他的英雄性格，把他许多政治、军事上的错误放在《淮阴侯列传》中去写，韩信对刘邦说项羽：匹夫之勇、迁逐义帝、失天下之心、妇人之仁。又如《高祖本纪》主要写了刘邦的发迹史，以及他的雄才大略、知人善用，对他的很多弱点则没有充分展示。而在其他人的传记中，却使人看到了刘邦形象的另一些侧面。《项羽本纪》通过范增之口道出刘

司马迁在评价历史人物的时候难免会掺杂自己的主观情感

邦的贪财好色，《萧相国世家》《留侯列传》则表现出他猜忌功臣等等。司马迁对现实的自觉干预和他对历史的深刻反思，以及他个人对身世遭遇的体验，使他在以理性批判的态度叙述和评价历史人物的同时，常常直接和间接地移入自己的主观情感。他除了在《史记》每一篇传记结尾添加"太史公曰"，直接、明确地表达他对历史人物所持有的看法和评价之外，还在人物形象的刻画中寄托自己对人生的感慨。如在《项羽本纪》中，项羽在垓下之围时，夜闻四面楚歌，于是慷慨悲歌，自为诗曰："力拔山兮气盖世，时不利兮骓

垓下遗址

不逝。雎不逝兮可奈何,虞兮虞兮奈若何!"同时在《高祖本纪》中,刘邦衣锦还乡,与父老子弟纵酒,慷慨伤怀,自为歌诗曰:"大风起兮云飞扬,威加海内兮归故乡,安得猛士兮守四方!"两人虽然是在两种截然不同的情况下怀着不同的心情歌唱,表达了不同的内心感受,但都可以显现出太史公对两个人物所倾泻的情感。这种动人心弦、怡人性情的效果并不是一般史书所能达到的,这正是《史记》所特有的成就,是其被视为传记文学的重要原因之一。总之,司马迁在《史记》中通过矛盾设置,细节描写,对话、独白、人物对比和多维透视、互见法等多种艺术表现手法来刻画人物性格,使历史人物形象化、个性化以及更具有感染力。在太史公的笔下,两位历史人物风云际会:一代王者刘邦,威加四海;一世英雄项羽,气盖寰宇。

(二)《史记》中的侠义精神

在汉以后的时代,侠客们都是在天下纷乱时候才出现,而在太平的岁月里却为了逃避朝廷的迫害而显得神秘,加上官方不断地负面宣传,从而使侠逐渐在人们的心目中改变了形象,从一种潇洒的形象变成了破坏安

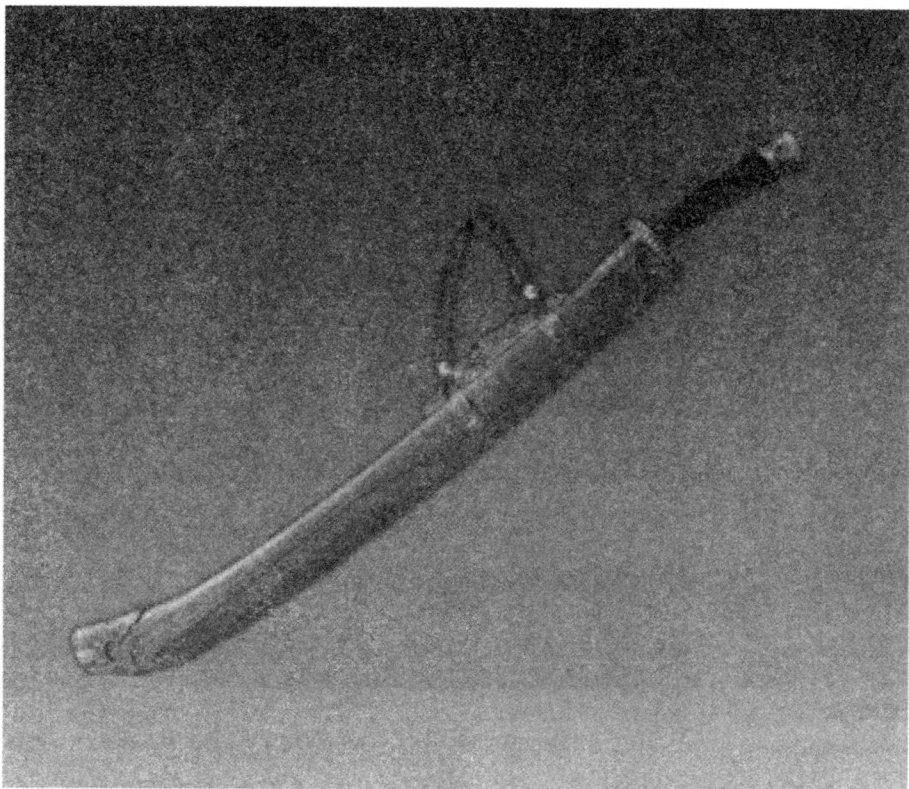

司马迁在《史记》中重置侠客精神在人们心中的印象

宁、招灾惹祸的祸端，人们的心里也不像战国时期那样充满对侠的向往和推崇，排斥和异视成了人们的主要态度。"今游侠，其行虽不轨于正义，然其言必信，其行必果，已诺必诚，不爱其躯，赴士之厄困。即已存亡死生矣，而不矜其能，羞伐其德，盖亦有足多者焉。"（《史记·游侠列传》）伟大的史学家司马迁正是这样评价他那个时代的侠客们。他在《史记》中认为养士之中培育了最多的侠，而养士的人则成为

春申君陵园

了最大卿相之侠，首推战国四公子。"孟尝、春申、平原、信陵之徒，皆因王者亲属，藉于有土卿相之富厚，招天下贤者，显名诸侯，不可谓不贤者矣。"

以上可见，无论侠客产生于什么环境，在当时的社会中侠是相对自由的，没有受到太多来自官府的压迫和摧残，所以当时宽松的环境产生了侠的独特道义观念即兼爱和自由，培育了一批让后人景仰的大侠。另一方面，侠客也不像后世那样与政府那么尖锐地对立，而是随时都有出将入相的可能。当时那种自由的入仕风气，侠的江湖几乎成了卿士的后备基地，侠的行为也带有很浓厚的政治化色彩，而不是纯粹义气化的江湖。在战国，侠客的举动经常可以改变局部政治力量的对比，他们的勇力是养士者所借重的，"士为知己者死"是那个时代最高的行为准则，他们既是政治斗争的工具，也是以勇力和信心去报答知己并博取荣名的勇士。"专诸刺王僚，彗星击月"，专诸的豪气，鱼肠锋芒，为一代霸主吴王阖闾扫清了道路，面对王僚的冷静，一击必中、舍生忘死的决心，令

春申君陵园一角

《史记》中的侠客都是有着侠骨柔肠，有血有肉的义士

人读书至此常掩卷长叹。而聂政杀侠累，不仅是一个刺杀复仇的过程，更是用生命去实践侠的精神的举动，"老母在，政身未敢以许人也"。母亲在世，那么我是不能答应别人什么事的。"老母今以天年终，政将为知己者用。"母亲现在不在了，我要为赏识自己的人所重用。于是西至濮阳，见严仲子曰："前日所以不许仲子者，徒以亲在；今不幸而母以天年终。仲子所欲报仇者为谁？请得从事焉！"（《史记·刺客列传》）简短的语言，直白的语气，道出了一个人内心最真实的想

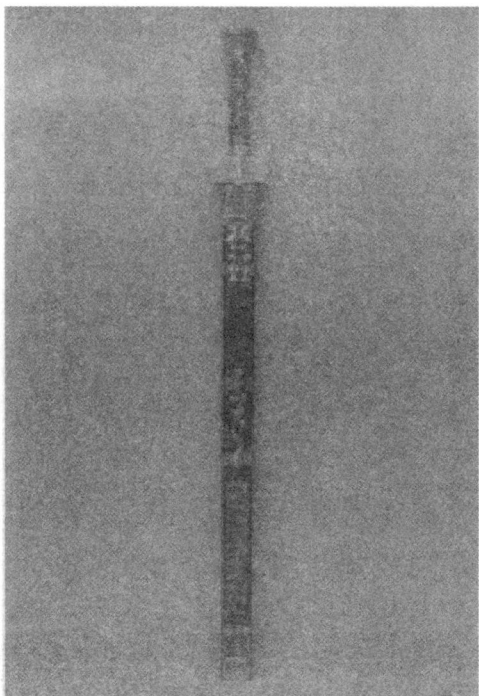

史记中的侠客多为明辨是非、理性助人的正义之士

司马迁为我们重塑了侠义之士的形象

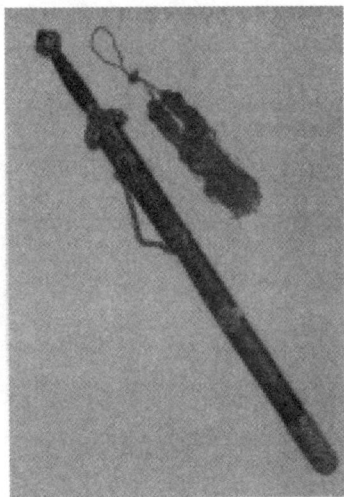
侠客手中的剑是为了保护亲人和朋友

法，一个侠客最简单的信念，"父母存，不许友以死。"然后在众人中杀韩相侠累，为了保护自己的姐姐和严仲子，不惜"因自皮面决眼，自屠出肠，遂以死"。这样一个勇士怎能不让人钦佩，更让人感叹的是他姐姐，"士固为知己者死，今乃以妾尚在之故，重自刑以绝从，妾其奈何畏殁身之诛，终灭贤弟之名"，使韩国士人大大吃惊。她大叫三声天，死在了聂政的身旁。为了姐姐，弟弟死了，为了弟弟的名誉，姐姐死了，亲情的力量在司马迁笔下让人感动。

也许正是这样一个纷乱的年代产生了这样简单真实的人，也让人之间的感情变得真实而简单，一切都像侠客手中的剑，保护亲人和朋友，刺向危害亲人和朋友的人，没有标榜没有中伤，最直接也最有效。豫让不惜吞炭漆面，两刺赵襄子，"臣事范、中行氏，范、中行氏皆众人遇我，我故众人报之。至于智伯，国士遇我，我故国士报之。"这句话更成为以后士和侠客行为的经典准则；而赵襄子也可以放过豫让第一次，而杀他于第二次，并让他死前击衣完志，"于是襄子大义之，乃使使持衣与豫让。豫让拔剑三跃而击之，曰：吾可以下报智伯矣！"正是在一个人因为能力而被充分尊重的年代，才产生了这样的人物，自由的人格，独特的准则，基本的道义让一个个人物熠熠生辉，人的个性得到极大的发挥，也使得那个年代的精神让人怀念，中国人说起那个年代时常怀着骄傲而光荣的感情，用的词也是那么质朴而深情——"古人之风"。《史记》依次记载了春秋战国时曹沫、专诸、豫让、聂政和荆轲五位著名刺客的事迹。细玩全传，尽管这五人的具体事迹并不相同，其行刺或行劫的具体缘由也因人而异，但是有一点则是相同的，这就是他们都有一种扶弱

荆轲刺秦王画像石

与《史记》相关的碑刻

拯危、不畏强暴、为达到行刺或行劫的目的而置生死于度外的刚烈精神。而这种精神的实质则是"士为知己者死"。所以太史公在本传的赞语中说："此其义或成或不成，然其立意较然，不欺其志，名垂后世，岂妄也哉！"这就是太史公对本传传旨的一种集中概括了。太史公站在他所在的那个时代的立脚点，带着他特有的爱憎分明，来热烈称颂他所一再赞赏的那种"士为知己者死"的刚烈精神。虽是五人的类传，但能"逐段脱卸，如鳞之次，如羽之压，故论事则一人更胜一人，论文则一节更深一节"（吴见思《史记论文》），所以全篇次第井然，始于曹沫，终于荆轲，中间依次为专诸、豫让和聂政，俨然一部刺客故事集，而统摄全篇的内在思想就是本传的主旨。载述五人行迹，太史公并没有平均使用笔墨，而是依传主的具体情况和行刺行劫的具体缘由，巧为剪裁布局。曹沫劫持齐桓公，有管仲缘情理而谏说，桓公权利害而宽容，使曹沫身名两全，所以，故事到这里也就戛然而止，不复生枝蔓。专诸刺王僚，前边略有铺叙，但高潮部分则由伏甲、具酒、藏刀和王前擘鱼行刺几个精彩细节组成，而以事成身死，其子得封为尾声。豫让刺襄子，故事已近曲折，始终围绕"义不二心"，而襄子偏又义之这个矛盾冲突展开，最后以刺衣伏剑结束对传主的记述。聂政刺侠累故事就更曲折一些，前边铺叙聂政避仇市井，仲子具酒奉金情事，又在奉金问题上通过仲子固让、聂政坚谢把"请"和"不许"的矛盾揭示出来，然后再用一段铺叙聂政的心理活动，而以母死归葬收束上文，以感恩图报引起下文，在束上起下的过程中既交代了前段矛盾是如何解决

聂政刺侠累画像石

的，又预示了下段行刺活动将怎样展开。"杖剑至韩"段是故事的高潮，写得干净利落而又惊心骇目，令人不忍卒读。后又一波三折，写了聂政姊哭尸为弟扬名的情事，从而深化了传旨。最后写荆轲刺秦王，太史公是带着他的全部感情写荆轲其人其事的，为我们刻画出一个十分完整的叙事主人公形象。一开始先用几段文字依次交代荆轲身世籍贯，"好读书击剑"，曾"以术说卫元君"；曾游榆次，"与盖聂论剑"。这些，不仅对了解荆轲是必要的，而且对荆轲传的主体部分起着铺垫作用。之后"荆轲既至燕"一段是故事的过渡。在这一段中既写了荆轲的交游细节和生活细

荆轲刺秦王画像石

荒草丛生的荆轲墓将我们带回到荆轲刺秦王时那悲壮的一幕

节，又引出了与故事的发展密切相关的两个人物，即高渐离和田光先生。从"居顷之"到易水饯行，是故事的发展阶段，诸多情事，以时间先后为序，逐一加以交待和描述，使荆轲其人的形象越来越丰满。其中易水饯行一段的场面描写，为突出荆轲的气质、性格、以及整个精神风貌起到了画龙点睛的作用，也为故事高潮的到来做好必要的铺垫。"遂至秦"段是故事的高潮，惊心动魄、流传千古的"图穷匕首见"的壮烈场面，就在本段。"舞阳色变振恐"，

形神俱备人物传
081

荆轲塑像

荆轲"顾笑舞阳","倚柱而笑，箕踞而骂"，以及"秦王环柱而走"等等细节，从不同的角度，不同的侧面，把荆轲临危不惧、镇定自若、大义凛然、视死如归的形象质感化地表现出来。统观所记五人文字，一人多过一人，而以写荆轲的文字最长。全传凡五千余字，荆轲一人就占去三千多字。不仅长，而且故事性最强，即使用现代小说的概念去分析衡量，说它是一篇精悍的短篇小说，恐怕也不会有多少争议的。太史公"遇一种题，便成一种文字"，本传堪称《史记》全书中"第一种激烈文字"。

（三）《史记》人物的悲剧色彩

《史记》所记的时代大量集中在春秋末期到汉武帝时代五百年间的历史人物。这一时期是一个动荡巨变的年代，是一个英雄辈出的时代，雄浑与悲壮是这个时代的主旋律，为这个时期的人物涂上了悲剧的色彩。司马迁客观地把握了这个时代的人物特征，在《史记》的人物传记中，刻画了一百二十多个不同的悲剧命运人物。

在这些人物中既有叱咤风云的失意英雄，如《赵世家》中的赵灵王，《吴太伯世家》

里的吴王夫差,《项羽本纪》中的项羽,《淮阴侯列传》里的韩信等；有的是自觉不自觉地卷入权利之争，最终成为牺牲品，如《晋世家》里的申生，《李斯列传》里的李斯,《吕太后本纪》里的戚夫人；有的是克己奉公，在事业上有所建树，但为恶势力所妒忌的，如《商君列传》里的商鞅,《屈原贾生列传》里的屈原,《老子韩非列传》里的韩非；有的胸怀大略，积极进取却生不逢时，壮志难酬，如《李将军列传》里的李广,《屈原贾生列传》里的贾谊；有的行侠仗义，不畏强暴，如《刺客列传》里的豫让、荆轲,《游侠列传》中的郭解等。由于司马迁慨叹世态炎凉，在自己落难时没有人施予援手，因而深深怀念那些舍生取义的刺客及重承诺的游侠，写就了千古传颂的《刺客列传》和《游侠列传》。由于他怀才不遇，益发感佩礼贤下士的战国四公子，于是他为四公子写下字句精练，故事曲折的四公子传——《孟尝君列传》《平原君列传》《信陵君列传》《春申君列传》，虽然都是写四公子养食客，但是司马迁描述这四位公子，都有不同的面貌和风格，这就是太史公摹写人物生动，令人

韩非画像

《史记》中关于韩非的描述

传说中开封大相国寺原为信陵君宅院

读来心开目明的妙处。例如写孟尝君时，特别强调他所招养的士人，鸡鸣狗盗之徒都有，无所不包；写平原君时，特别着墨于为了一个跛子，而把心爱的美人杀了，以凸显平原君养客的决心；写信陵君时，强调他之所以礼贤下士，是一心一意为了魏国的生存，与其他三公子养士的目的在于壮大自己的声势不同；写春申君，虽是相楚有功，但最后不能采信门客朱英的话，终于免不了杀身之祸，强调不能纳忠言的后果。太史公写四公子列传，每篇重点不同，风格不同，每一个人物的言语、形貌、行事也都不同，不过，有一

信陵君曾开荒种田的土地

个共同的特色——尽管太史公写《史记》时，情绪不免激愤不平，但仍不忘劝人向善，激励人奋发向上的意志。譬如春申君黄歇，在楚国做了25年的相，享尽荣华富贵，正在志得意满时，门客朱英劝黄歇："世有毋望之福，又有毋望之祸。"意思是劝人处在顺境时，也要怀有戒惧谨慎的心。又如信陵君救赵有功，赵国国君用五城封公子，就有门客劝公子无忌说："物有不可忘，或有不可不忘。夫人有德于公子，公子不可忘也；公子有德于人，愿公子忘

商鞅画像

之也。"这是多么宽广的胸襟和通达的器识啊!

读《商君列传》实感被其非凡的才华、卓越的见识震撼。商鞅也是个一言难尽的悲剧性人物。司马迁在刻画和评价时亦是无比崇敬的。商鞅是战国时期出身于卫国宗室的少年才俊,喜好刑名之学,在魏国当差,怀才不遇,离魏入秦,走宠臣景监的门子,得到秦孝公的多次召见。商鞅察言观色,多方试探,以三寸不烂之舌,极力推销自己的政治主张,终于获得秦孝公的首肯,遂被秦孝公任用为左庶长,开始着手实施变法。商鞅变法的一个重要方面是力行法治,其特点是轻罪重判,刑罚严酷。他首开连坐的法律先河,就是一家犯罪,其他人家也要跟着一起受惩罚。五家为伍,十户为什,相互监视,彼此检举,对作奸犯科者处以腰斩,藏匿者给以和投降叛变分子相同的严厉处罚。凡打架斗殴的,均按情节轻重一律科刑。不从事农耕而专事工商末利者和因懒惰而贫者,一律拘捕,妻子没为官奴。商鞅变法实行一年,受到官民强烈抵制,百姓纷纷到国都"上访"反对新法。商鞅认为新法难以执行，是由于上层有人作梗。太子违制，商鞅欲惩处太子，杀鸡儆猴，但太子毕竟是皇帝的儿子，只好拿太子师公子虔、太子师公孙贾垫背，对公子虔处以劓刑，处公孙贾以黥刑。这一招很灵，慢慢没人敢公开反对新法了，那些原来认为新法不好的臣民也都表示赞成，可是商鞅将他们全部发配到边城里去。商鞅大力推行强行变法，积怨甚深。有识之士赵良曾谴责商鞅，用严刑酷法残害民众，积怨结恨、埋下隐患，并历数商鞅种种不得人心的做法。赵良直言不讳警告商鞅：有朝一日，秦王会收拾你，你的死期指日可待。肺腑之言，被商鞅当做了耳边风。秦孝公去世，太子即位。公子虔等人欲报仇雪恨，罗织罪名，告发商鞅谋反。国君下令逮捕商鞅。商鞅逃遁，亡命边关。他打算在客栈住下，但身无有效证件，店家不知他是商鞅，说：商鞅法令规定，留宿没有证件的人要治罪。商鞅不禁喟然叹曰："嗟乎，为法之弊一至此哉！"他做梦也没想到，其苦心孤诣推行的法律如今被用来对付自己

栩栩如生的商鞅雕像

陈胜墓

了。无栖身之所，商鞅只好逃往魏国，但魏国认为他是秦国的窃贼，拒绝收留他。走投无路，商鞅再次入秦，回到封地商邑，纠集党羽攻打郑地，被秦惠王发兵打败，车裂示众，尽灭其族，应验了赵良的话。在众多的悲剧人物中，要特别提一下陈胜。《史记》记载的是三皇五帝直至汉武帝的历史，陈胜吴广的起义虽然只是一群农民起义，但是这却直接动摇了秦朝的国家基础，后面才引出了刘邦项羽推翻秦朝的事情，可以说他们的起义是秦朝灭亡的导火线，也是汉朝开始的前锋。这次起义是中国历史上第一次农民起义，推翻中国第一个统一的王朝的一场起义，这是中国历史上很浓重的一笔，有重大的历史意义。司马迁也正是站在历史的角度对陈胜的首创精神予以歌颂，对陈胜吴广的起义进行全面实质的揭示。

很多人认为陈胜因怕死而不得不反，没有看出其反秦的创举。其实陈胜自己已说得很清楚："壮士不死即已，死即举大名耳。"陈胜一开始就以推翻秦的暴政统治为己任，未待入陈就称王，派葛婴等东向略地，之后又进行一系列的部署。

陈胜吴广起义塑像

陈胜所为非徒为苟活，其以陈为根据地，四面出击，其心存天下之志一览无余。正应了其起义之初所宣称的"王侯将相宁有种乎"？而陈胜对秦的攻击不遗余力，显示了强烈的亡秦之心。值得注意的是，陈胜部采用了连续作战的战术，不给秦王朝以喘息之机。从此，连续作战法在秦楚之际得到普遍使用。

陈胜当然也有他的历史局限性，前人指责其重用小人。陈胜重用朱房、胡武等人，使部属寒心，亲信疏远，所以导致速败。章邯解除了起义军对荥阳的包围后，倾全力向

司马迁擅长刻画历史上的悲剧人物

秦二世胡亥墓

陈县猛扑，陈胜应战失利。秦二世二年十二月，陈胜退至下城父（今安徽蒙城西北），被叛徒庄贾杀害。陈胜部将吕臣率领苍头军，随即两度收复陈县，并处死庄贾。

司马迁怀着深沉的历史反思精神来刻画历史上的悲剧人物，使悲剧人物的悲剧色彩更加浓重。他第一个塑造了如此众多的悲剧人物，第一个使我国文学史上的悲剧人物形象塑造提高到一个成熟的高度。

司马迁与《史记》

四、《史记》绝唱千古颂

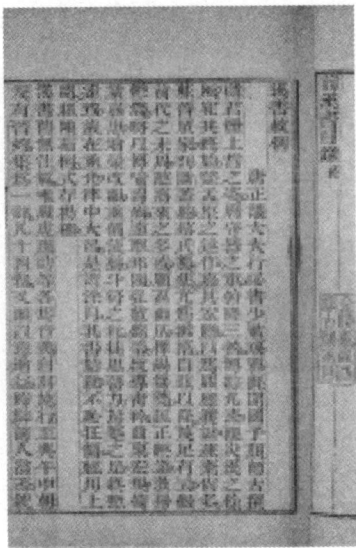
班固撰《前汉书》

（一）《史记》书名由来

在西汉之前，许多书是没有书名的。《史记》约成书于公元前104年至前91年，本来是没有书名的，司马迁在这部巨著完成后，曾给当时的大学者东方朔看，东方朔看过后非常钦佩司马迁的成就，就在书上加了"太史公"三字。"太史"是司马迁的官职，"公"是美称，这也只是表明了是谁的著作而已。班固在著录我国最早的图书目录《汉书·艺文志》时，写成《太史公百三十篇》，看来这就是司马迁这部巨著在两汉流行时的名称了。"史记"二字是从哪里来的呢？是从"太史公记"这四个字里省略来的。与司马迁同代或后代的一些学者在引用这部著作时常嫌《太史公百三十篇》这个书名过于冗长，就经常省略成"太史公记""太史公书""太史公传"的字样。魏晋以后人们就把"太史公记"省略成"史记"两字做书名了。另一种说法是：古代帝王设有史官，左史记言，右史记事，像《尚书》只记言，《春秋》只记事。而司马迁写的这本书，既记言，又记事，囊括了左、右史官的全部记述，所以称为《史记》。

（二）《史记》的流传

司马迁用生命写成的《史记》原来准备是藏之名山，传之其人，也就是司马迁原来写《史记》，并不打算公开，而是准备藏之名山，特别在他写书过程中遭受了那么多的挫折，那么多的磨难，所以这部书他准备秘不示人，这是司马迁在《报任安书》里面说的。在司马迁死后，他的家人把《史记》转移藏匿在他女儿家中，现在的人所看到的史料很少谈到司马迁的亲属，关于司马迁的材料很少，一个就是《报任安书》，再就是《史记》有个《太史公自序》，再就是后来《汉书》上有个《司马迁传》，《司马迁传》基本上是抄他的《太史公自序》，所以司马迁的直接史料是非常少的。但是司马迁有一个女儿，而且女儿所嫁的丈夫，叫杨敞，这是有史可据的。杨敞在汉昭帝时期，还曾经官至宰相。杨敞有两个儿子，也就是司马迁的女儿给杨家生了两个儿子，大儿子名叫杨忠，小儿子名叫杨恽。杨恽自幼聪颖好学，他的母亲也就是司马迁的女儿把自己珍藏并深爱的《史记》拿出来给他读。杨恽初读此书，便被书中的内容吸引住了，爱不释手，一

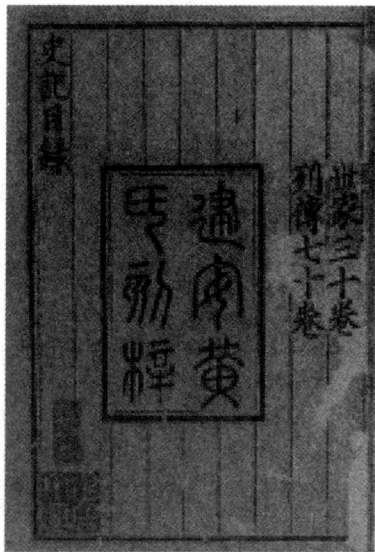

杨恽初读《史记》便被书中的内容吸引住了

《史记》书影

字字、一篇篇，非常用心地把它读完了。杨恽
成年之后，还把它读了好几遍，每读一遍总是
热泪盈眶，扼腕叹息。在汉宣帝的时候，杨恽
被封为平通侯，他看到当时朝政清明，想到他
的外祖父司马迁这部巨著正是重见天日的时候，
于是上书汉宣帝，把《史记》献了出来，从此
天下人得以共读这部伟大的史著。

（三）《史记》具有强烈的抒情色彩

鲁迅先生曾盛赞《史记》为"无韵之《离
骚》"，这句话的含义之一就是指这部著作的强
烈抒情性而言。《史记》写的虽然是历史人物，
但不是客观的记录历史，这些人物无一不是经

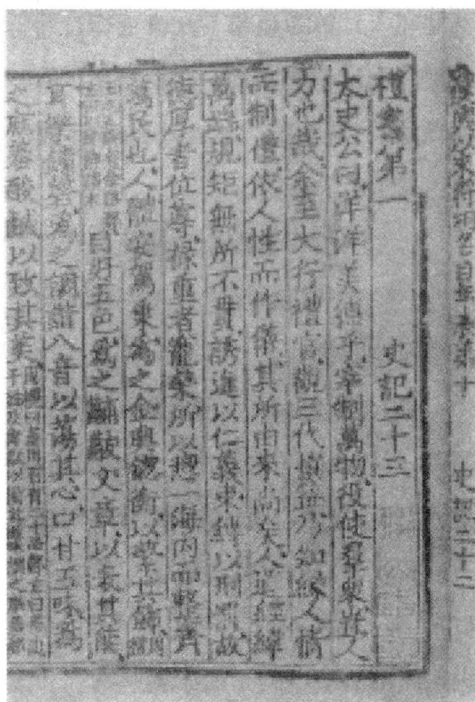

《史记》书影

鲁迅先生给予《史记》极高的评价

《史记》绝唱千古颂

屈原塑像

过他的再创作，注入了他深挚的爱憎感情的。这里有他理想的明主贤君、忠臣良将、仁人义士；也有他深恶痛绝的暴君昏主、奸臣贼子、贪官酷吏乃至势利小人。他歌颂好人，批判鞭挞坏人，目的是为了改良现行社会的黑暗。因此，他的文章从始至终都带有一种强烈的抒情色彩，这是《史记》充满激情的最重要的原因。1.《史记》中有的作品通篇像一首抒情诗，《伯夷列传》《屈原贾生列传》就是这类篇章的代表。《伯夷列传》对"天道"提出了强烈的怀疑，对社会的不公提出了愤怒的质问，激越之情，溢于言表。《屈原列传》则是以一种婉雅凄怆的感情，抒发了作者对受打击、受迫害，而自己却矢志不渝，至死忠于祖国的屈原的无限敬慕之情。作品叙述屈原写作《离骚》的原因和他对这篇文章的评价说：

屈原痛心怀王不能明辨是非，被谗言媚语蒙蔽了眼睛，以致让邪恶的人陷害公正的人，使端方正直的君子被朝廷所不容。所以屈原忧愁郁闷，写下了长诗《离骚》。"离骚"就是遭遇忧患的意思。天是人类的原始，父母是人的根本。人在困苦穷尽时就会追念本原，所以到了极度劳苦困倦的时候，没有不喊天的；遇到病痛或忧伤的时候，没有不呼父母的。屈原正道直行，用自己全部的忠诚和智慧，侍奉他的国君，却被小人挑拨离间，可以说是处在了困难穷尽的境地。他诚信而被怀疑，忠贞而被诽谤，怎么能没有怨恨呢！屈原创作《离骚》正是由这种怨恨所引起的。《国风》虽然多写男女爱情，但没有宣扬淫乱，《小雅》虽然多写讽刺怨恨，但没有宣扬叛乱，《离骚》可以说兼有两者的特点。它称赞远古的帝喾，称述近世的齐桓公，商汤和周武王，用他们的史事来讽刺当时的政事。《离骚》对崇高的道德，国家治乱的描绘，无不生动显明。他的文笔简练，用词精微；他的志向高洁，行为清廉。他的作品描写的事物虽然细小，但意义却非常大，写的虽然浅近，但含义极其深远。他的志向高洁，所以作品中多用芳草香花作比喻；他的行为清廉，所以到死都不愿苟且取容。他虽出自污泥之中，但就像蝉蜕壳一样，浮游于尘世之外，不受浊世的污垢，清清白白，出污泥而不染。可以断言，他的这种志向，与日月争光也是可以的。

我读了《离骚》《天问》《招魂》《哀郢》，

诗人屈原画像

屈原投水自尽，身后留下《离骚》、《天问》、《九歌》、《九章》、《招魂》等诸多名篇

为屈原的志向不能实现而感到悲伤。到长沙，经屈原自沉的汨罗江，未尝不掉下眼泪，并想到他的为人。当看到贾谊凭吊他的文章时，又责怪屈原如果以他的才能去游说诸侯，哪一个国家不能容纳他呢，而自己却偏要走这条路！读了贾谊的《鵩鸟赋》，体会到应当把生和死同等看待，把做官和丢官看得很轻。这又使我感到茫然若有所失了。

这段文字充满着作者饱满的热情，叙中有情、倾向鲜明；议中有情、直抒胸臆。作者运用对偶、对比、排比、反复、比喻等修辞手法，增强了语言表达效果，简直就是一首抒情诗。司马迁景仰屈原的品格，和屈原一样，他遭遇不平，满腔悲愤，因而在记传中倾注了自己的思想感情，形成了夹叙夹议的独特风格。本文堪称"史家之绝唱，无韵之《离骚》"。

2.《史记》中这种全篇都像一首诗的作品虽然不多，但一篇之中有一个或几个抒情段落的篇章则是很多的。有些段落中，作者还特意引入一些歌谣谚语，特别是那种让作品中的人物即景作歌，增强了文章的抒情性。如《刺客列传》中描写燕太子丹为荆轲在易水送别的情景说：太子及宾

易水送别

尽管未能挽转败局，但荆轲的悲壮行为却是值得敬佩的

客知其事者，皆白衣冠以送之。至易水之上，祭祖，取道，高渐离击筑，荆轲和而歌，为变徵之声，士皆垂泪涕泣。又前而为歌曰："风萧萧兮易水寒，壮士一去兮不复还！"复为羽声慷慨，士皆瞋目，发尽上指冠。于是荆轲就车而去，终已不顾。

在燕国山穷水尽、灭亡在即的时候，荆轲自己挺身而出，置生死于度外，为抗秦存燕去作最后的抗争，尽管未能挽回败局，但荆轲的悲壮行为是值得敬佩的。"易水送别"一场就突出地表现了这种悲壮的气氛。风声萧萧，水寒欲凝，送行者一色素白的衣冠；悲壮的乐声，战士的瞋目发指，特别是荆轲那两句即景吟出

廉颇墓

的歌词，这些都给读者的心灵以巨大的震撼。明代孙月峰说："《易水歌》只两句，却无不慷慨激烈，写得壮士心出，气盖一世。"其他如项羽在垓下被困时的垓下歌，"力拔山兮气盖世，时不利兮骓不逝。骓不逝兮可奈何，虞兮虞兮奈若何！"，刘邦胜利返乡时的临筵作歌，戚夫人被吕后所囚时的悲痛作歌等等，没有一处不给人以强烈感染，都突出表现了一种悲壮的美。3.史记》的文章常常夹叙夹议，这些议论往往带有强烈的抒情色彩。如《廉颇蔺相如列传》写到廉颇失势时，作者借廉颇与宾客的对话抒发了他对世态炎凉、人情淡薄的感慨：廉颇之免长平归也，失势之时，故客尽去。及

廉颇京剧脸谱

复用为将，客又复至。廉颇曰："客退矣！"客曰："吁！君何见之晚也？夫天下以市道交，君有势，我则从君；君无势则去，此固其理也，有何怨乎？"在这里，司马迁让那些无耻的朝三暮四之徒自己现身说法，道出了他们趋炎附势的本性，笔法很辛辣。也许是他亲身体验过当自己倒霉时那种"交游莫救，左右亲近不为一言"的世态炎凉吧，所以他每有机会，总要抒发一番这方面的感慨。《史记》中的论赞，有许多也抒情性极强，例如《廉颇蔺相如列传》："太史公曰：知死必勇，非死者难也，处死者难。方蔺相如引璧睨柱，及叱秦王左右，势不过诛，然士或怯懦而不敢发。相如一奋其气，威信敌国；退而让颇，名重太山。其处智勇，可谓兼之矣！"

对敌勇而不怕死，对友和而能忍让，这是蔺相如身上最可贵的品质。司马迁把他视为自己理想中的卿相，也正是因为这一点。这段赞语一方面充分地表达了司马迁对蔺相如的无限景仰和敬佩之情，同时也集中地表现了他自己的生死观。《史记》语言的总体风格是朴拙、浑厚、气势沉雄，这种特点在那些记述悲剧英雄人物的篇章中表现得尤为突出，如《项羽本纪》《伍子胥列传》《荆轲列传》等就是如此。

司马迁是一位杰出的语言大师，他驾驭语言的能力是被历代学者所称赞的。韩愈说司马迁的文章"雄深雅健"；苏辙说他"其文疏荡，颇有奇气"；茅坤说："屈宋以来，浑浑噩噩，如长川大谷，探之不穷，揽之不竭，蕴藉百家，包括万代者，司马子长之文也。"（《唐宋八大家文钞·论例》）

（四）《史记》的贡献与影响

《史记》的诞生，无论在中国史学史还是在中国文学史上，都堪称是一座伟大的丰碑。

就中国史学的具体发展而言，《史记》的贡献巨大。

第一，建立杰出的通史体裁。《史记》是中国史学史上第一部贯通古今，网罗百代的通史名著。无论说它是古代中国史学史的最辉煌成就，还是说它是世界古代史学史的最辉煌成就，都毫不为过。这一点，只要将之与希罗多德的《历史》相比较，就会一目了然。正因为《史记》能够会通古今，撰成一书，开启先例，树立了榜样，于是仿效这种体裁而修史的也就相继而起

雕版《史记》书帙

《史记》

了。通史家风，一直影响着近现代的史学研究与写作。

第二，建立了史学独立地位。我国古代，史学是包含在经学范围之内没有自己的独立地位的。所以史部之书在刘歆的《七略》和班固的《艺文志》里，都是附在《春秋》的后面。自从司马迁修成《史记》以后，作者继起，专门的史学著作越来越多。于是，晋朝荀勖适应新的要求，才把历代的典籍分为四部：甲部记六艺小学，乙部记诸子兵术，丙部记史记皇览，丁部记诗赋图赞。从而，史学一门，在中国学术领域里才取得了独立地位。饮水思源，这一功绩应该归于司马迁和他的《史记》。

第三，建立了史传文学传统。司马迁的文学修养深厚，其艺术手段特别高妙。往往某种极其复杂的事实，他都措置的非常妥帖，秩序井然，再加以视线远，见识高，文字生动，笔力洗练，感情充沛，信手写来，莫不词气纵横，形象明快，使人"惊呼击节，不自知其所以然"。（《容斋随笔·史记简妙处》）

《史记》作为第一部传记文学的确立，是具有世界意义的。过去欧洲人以欧洲为中心，他们称古希腊的普鲁塔克为"世界传记之王"。普鲁塔克大约生于公元 46 年，死于公元 120 年，著有《列传》（今本译作《希腊罗马名人传》）50 篇，是欧洲传记文学的开端。如果我们把普鲁塔克放到中国古代史的长河里来比较一下，可以发现，普鲁塔克比班固（公元 32—92 年）还要晚生 14 年，若和司马迁相比，则要晚生 191 年了。司马迁的《史记》要比普鲁塔克的《列传》早产生几乎两个世纪。

《史记》在中国文学史上，在文学方面，对古代的小说、戏剧、传记文学、散文，都有广泛而深远的影响。

唐宋八大家是我国古典散文的杰出代

《史记》在中国学界有着广泛而深远的影响

历代史学家都把《史记》奉为正宗

表，他们反对六朝骈文，提倡古文，把《左传》、《史记》作为旗帜。他们开展的古文运动，主要是学习司马迁把《史记》文章当做古文典范来借鉴。明清评点家，尤其是清代的桐城派古文家，更是把《史记》奉为古文正宗。

首先，从总体上来说，《史记》作为我国第一部以描写人物为中心的大规模作品，为后代文学的发展提供了一个重要基础和多种可能性。《史记》所写的虽然是历史上的实有人物，但是，通过"互见"即突出人物某种主要特征的方法，通过不同人物的对比，以及在细节方面的虚构，实际把人物加以类型化了。在各民族早期文学中，都有这样的现象，这是人类通过艺术手段认识自身的一种方法。只是中国文学最初的类型化人物出现在历史著作中，情况较为特别。由此，《史记》为中国文学建立了一批重要的人物原型。在后代的小说、戏剧中，所写的帝王、英雄、侠客、官吏等各种人物形象，有不少是从《史记》的人物形象演化出来的。

在小说方面，除了人物类型，体裁和叙事方式也受到《史记》的显著影响。中国传统小说多以"传"为名，以人物传记式的形式展开，具有人物传记式的开头和结尾，以人物生平始终为脉络，严格按时间顺序展开情节，并往往有作者的直接评论，这一切重要特征，主要是渊源于《史记》的。

在戏剧方面，由于《史记》的故事具有强烈的戏剧性，人物性格鲜明，矛盾冲突尖锐，因而自然而然地成为后代戏剧取材的宝库。据傅惜华《元代杂剧全目》所载，取材于《史记》的剧目就有一百八十多种。据李长之统计，在现存 132 种元杂剧中，有 16 种采自《史记》的故事，其中包括《赵氏孤儿》这样具有世界影响的名作。已经失传的类似作品，当然更多。到后来的京剧中，仍然有许多是取材于《史记》的，如众所周知的《霸王别姬》等。

在传记文学方面，由于《史记》的纪传体为后代史书所继承，由此产生了大量的历史人物传记。虽然，后代史书的文学性显著不如《史记》，但其数量浩如瀚海，如果将其中优秀传记提取出来，也是极为可观的。此外，史传以外的别传、家传、墓志铭等各种形式的传记，也与《史记》所开创的传记文学传统有渊源关系。

《史记》固然"究天人之际，通古今之变，成一家之言"，从而开创了史学的

京剧《霸王别姬》剧照

京剧《霸王别姬》剧照

种种先河，也堪称是脍炙人口的文学佳作，但《史记》最为耀眼的闪光点在于它的平民立场。在司马迁的《史记》之前，所谓的历史仅仅是王侯的发家史、光荣史、太平史。在司马迁的《史记》里，自以为功高盖世的帝王们同样有无耻、暴戾、虚假和懦弱的一面；虽然有着种种的过失和缺点并最终兵败垓下，自刎乌江的楚霸王项羽不失为顶天立地的英雄；一介布衣陈胜曾经在田间耕作，既是不折不扣的庄稼汉，也是满怀鸿鹄之志的豪杰，正是他第一个揭竿而起反抗秦的暴政；就在正统文人对浪迹江湖的行径嗤之以鼻的时候，司马迁却对荆轲、唐雎等四海漂泊的游侠们和快意恩仇的游侠精神赞誉有加，不胜神往。《史记》就是这样以平民的立场、平民的视角、平民的情感看历史、写历史、评说历史，从而第一次给历史以真实可亲的面目，第一次给那些值得尊敬的灵魂们以尊严。清朝诗人宋湘曾经有句诗说"史有龙门诗少陵"，《史记》中所透出的民间精神，再现于杜甫那些忧国忧民的不朽诗作中，并成为流传千古的力量源泉。

（五）《史记》中的有关故事和成

文学的魅力不应该受时代、语言的束缚，而其表达方式，也不应该只能有一种诠释方法。《史记》是中国第一部纪传体通史，同时也是传记文学的代表作。它的文学观、美学观、散文风格、传记文学特质、语言艺术，以及对后世散文、戏剧、小说等文学样式的启发，都占有不可动摇的关键地位，兼具文学与史学的学术价值和现实意义。

在《史记》有代表性的本纪与列传的精彩篇章中，有许多人们耳熟能详的经典历史故事与成语故事，为后世广为流传。这些故事寓意深远，笔力万钧，每一篇都隽永感人，值得读者细细体会。我们在这些故事中能够更加了解历史的兴衰起落，更加崇敬太史公的刚正不阿，更加仰慕英雄豪杰的宽容大度，也更加喜爱古典文学中千丝万缕的柔情佳唱。如比较熟悉的《卧薪尝胆》《负荆请罪》《破釜沉舟》《完璧归赵》《四面楚歌》《围魏救赵》《指鹿为马》等，故事性强，趣味性强，大家都比较感兴趣，能给我们带来阅读的享受。下面略举几例，让我们在《史记》经典故事里增长知识吧。

1. 破釜沉舟

越王勾践塑像

项羽率军渡过黄河后下令破釜沉舟，表示决一死战，决不后退的决心

秦朝末年，秦军大将章邯攻打赵国。赵军退守巨鹿（今河北平乡西南），并被秦军重重包围。楚怀王于是封宋义为上将军，项羽为副将率军救援赵国。宋义引兵至安阳（今山东曹县东南）后，接连46天按兵不动，项羽对此十分不满，要求进军决战，解赵国之围。但宋义却希望秦赵两军交战后待秦军力竭之后才进攻。但此时军中粮草缺乏，士卒困顿，而宋义仍旧饮酒自娱，项羽忍无可忍，进营帐杀了宋义，并声称他叛国反楚，将士们拥戴项羽为上将军。项羽杀宋义的事，威震楚国，名闻诸侯。随后，他率所有军队悉数渡黄河

传说越王勾践曾在绍兴吼山"卧薪尝胆"

前去营救赵国，以解巨鹿之围。项羽在全军渡黄河之后，下令把所有的船只凿沉，打破烧饭用的锅，烧掉自己的营房，只带三天干粮，以此表示决一死战，决不后退的决心。已无退路的楚军到了巨鹿外围，包围了秦军，截断了秦军外联的通道。楚军战士以一当十，喊杀声惊天动地。经过九次激战，最终大破秦军。而前来增援的其他各路诸侯却都因胆怯，不敢近前。楚军的骁勇善战大大提高了项羽的声威，以至于战胜后，项羽在辕门接见各路诸侯时，各诸侯皆不敢正眼看项羽。后来，"皆沉船，破釜甑"演化为成语"破釜沉舟"，来比喻拼死一战，下决心不顾一切地干到底的意志。

2. 卧薪尝胆

春秋时期越王勾践被吴王夫差打败后，力图雪耻，激励自己，在屋内悬一苦胆，出入坐卧都要尝尝，以此不忘受辱之苦。睡觉时不用床铺和被褥，睡在木柴上面，以此不忘亡国之痛。经过这样多年的磨砺，终于使越国强盛起来，打败了吴国。但是，卧薪尝胆的典故始于何时？据有关吴越史料的书籍，战国时期的《左传》中"定公"和"哀公"篇中，有越王勾践和吴王夫差的详细记载，但没有勾践卧薪尝胆的记录。另一战国时的著作《国语》中，也无勾践卧薪尝胆之说。至东汉期间，《越绝书》和《吴越春秋》著作中，只有在"勾践归国外传"中，有勾践"悬胆于户，出入尝之，不绝于口"之句，而无"卧薪"之说。"卧薪尝胆"作为成语，最早见于北宋大文豪苏轼所著的《拟孙权答曹操书》的游戏性的书信体裁文中，设想孙权在三国鼎立之时，曾经"卧薪尝胆"，但这与勾践毫无关系。到了南宋，吕祖谦在《左氏传记》书中，曾有吴王夫差"坐薪尝胆"，但只是"坐薪"，不是"卧薪"，只是"夫差"，

越王勾践所用的剑

韩信墓

不是"勾践"。到了明代，张博在《春秋列国论》书中，也是"夫差即位，卧薪尝胆"，虽有"卧薪尝胆"，但亦是指夫差。后来，在真德秀的《戊辰四月上殿奏札》，和黄震的《古今纪要》《黄氏日钞》两书中，才开始有勾践"卧薪尝胆"之说。明末，梁辰鱼所著《浣纱记》剧本中，将勾践"卧薪尝胆"作为传奇，加以渲染。冯梦龙也在《东周列国志》中多次讲到勾践"卧薪尝胆"之事。清初，吴乘权编的《纲鉴易知录》，亦有"勾践反国，乃苦身焦思，卧薪尝胆"之句。从此，越王勾践"卧薪尝胆"之故事，就愈传愈广，成为我国的成语典故了。史记中的故事兄弟情深

3. 背水一战

为纪念韩信兴建的"胯下桥"

《史记·淮阴侯列传》中说，汉将军韩信率军攻赵，兵出井陉口，命令将士背靠大河摆开阵势，与敌人交战。韩信以前临大敌，后无退路的处境来坚定将士拼死求胜的决心，结果大破赵军。这个故事演化出成语"背水一战"，多用于军事行动，也可用于比喻有"决战"性质的行动。

4. 胯下之辱

《史记·淮阴侯列传》记载："淮阴屠中有侮信者，曰：'若虽长大，好带刀剑，中情怯耳。'众辱之曰：'信能死，刺我，不能死，出我胯下。'于是信孰视之，俛出胯下，蒲伏。一市

指鹿为马

人皆笑信，以为怯。"

意思是韩信在路上走着，遇见一个小混混，他拿起一个匕首，对韩信说："你韩信不是厉害吗？有种你拿匕首杀我，如果你不想，那么马上从我两条腿之间爬过去。"韩信忍受了这个耻辱，从那个人的胯下爬了过去。之后，韩信找到刘邦，把张良给他的推荐信呈上去，最后当上了大将军；而如果韩信当初杀死那个小混混，杀人偿命，韩信也不会当上大将军，更不会帮助刘邦攻打项羽，统一天下。

5. 指鹿为马

指着鹿，故意说是马。比喻故意颠倒黑白，混淆是非。

《史记·秦始皇本纪》记载："赵高欲为乱，恐群臣不听，乃先设验，持鹿献于二世，曰：'马也。'二世笑曰：'丞相误邪？谓鹿为马。'问左右。左右或言马，以阿顺赵高；或言鹿者。高因阴中诸言鹿者以法。后群臣皆畏高。

意思是秦二世时，丞相赵高野心勃勃，日夜盘算着要篡夺皇位。可朝中大臣有多少人能听他摆布，有多少人反对他，他心中没底。于是，他想了一个办法，准备试一试自己的威信，同时也可以摸清敢于反对他的人。

指鹿为马

一天上朝时，赵高让人牵来一只鹿，满脸堆笑地对秦二世说："陛下，我献给您一匹好马。"秦二世一看，心想：这哪里是马，分明是一只鹿嘛！便笑着对赵高说："丞相搞错了，这是一只鹿，你怎么说是马呢？"赵高面不改色心不跳地说："请陛下看清楚，这的确是一匹千里马。"秦二世又看了看那只鹿，将信将疑地说："马的头上怎么会长角呢？"赵高一转身，用手指着众大臣，大声说："陛下如果不信我的话，可以问问众位大臣。"大臣们都被赵高的一派胡言搞

得不知所措。当看到赵高脸上露出阴险的笑容，两只眼睛骨碌碌地盯着每个人的时候，大臣们忽然明白了他的用意。一些胆小又有正义感的人都低下头，不敢说话，因为说假话，对不起自己的良心，说真话又怕日后被赵高谋害。有些正直的人，坚持认为是鹿而不是马。还有一些平时就紧跟赵高的奸佞之人立刻表示拥护赵高的说法，对皇上说，"这确是一匹千里马！"事后，赵高通过各种手段把那些不顺从自己的正直大臣纷纷治罪，甚至满门抄斩。